INHALT

Für meine Mutter,
die uns sieben Kinder
all die Jahre hindurch
treu begleitet hat.

Annemarie Pfeifer

Mütter sind
nicht immer schuld!

Von Selbstvorwürfen zur Gelassenheit

R. BROCKHAUS VERLAG WUPPERTAL UND ZÜRICH

A
B
C
team

ABCteam-Bücher erscheinen in folgenden Verlagen:

Aussaat-Verlag Neukirchen-Vluyn
R. Brockhaus Verlag Wuppertal
Brunnen Verlag Gießen (und Brunnquell-Verlag)
Christliches Verlagshaus Stuttgart
(und Evangelischer Missionsverlag)
Oncken Verlag Wuppertal und Kassel

© 1995 R. Brockhaus Verlag Wuppertal und Zürich
Umschlaggestaltung: verb-Atelier, Essen
Gesamtherstellung: Breklumer Druckerei Manfred Siegel KG
ISBN 3-417-11059-9
Bestell-Nr. 111 059

VORWORT

».. . Die Zeit der gutgemeinten, mahnenden Worte ist jetzt vorbei. Da ihr Sohn auch die Mahnungen der Lehrerschaft in den Wind geschlagen hat, muß ich ihn mit diesem Arrest bestrafen. Meine Kollegen hoffen sehr, daß eine solche Unbotmäßigkeit nicht mehr vorkommen wird .. .«

Erschrocken starrte ich auf den Brief. Und das sollte unserem Sohn gelten! Dabei war er doch erst vor drei Monaten ins Gymnasium eingetreten. Interessiert. Unternehmungslustig. Lernwillig. Was ist nur in ihn gefahren, daß er plötzlich so auffällt? durchfuhr es mich zuerst. Dann kroch Wut in mir hoch. Warum bauen die auch so eine anonyme Mammutschule mit 1200 Schülern und 150 Lehrern? Schließlich reagierte ich so wie manch andere Mutter. Ich ging in mich und grübelte unglücklich: Was habe ich denn bloß falsch gemacht?

Dabei hatte alles so harmonisch begonnen. Wie viele junge Frauen lernte ich zuerst einen Beruf. Aber schon während meiner Ausbildungszeit rechnete ich damit, daß ich einmal aussteigen und Mutter werden würde. Als ich dann als junge Lehrerin schwanger wurde, fragte ich mich manchmal besorgt, womit ich wohl den ganzen langen Tag füllen würde – mit nur einem Kind! Schließlich war ich an ein volles Klassenzimmer gewöhnt. Doch schon in den ersten Tagen nach der Geburt lernte ich den kleinen Unterschied zwischen meinen Rollen als Lehrerin und als Mutter kennen. Leider schrillte nicht um Punkt vier die Glocke und machte dem munteren Treiben ein Ende. Im Gegenteil: Gegen Abend oder in der Nacht begannen erst die mühsamsten Stunden! Und so wurde ich durch unser erstes Kind in die sonnigen und schattigen Seiten des Mutterseins eingeführt.

Da gab und gibt es unzählige glückliche Stunden, die ich um nichts in der Welt missen möchte. Aber dann muß man auch schwierige Situationen durchstehen: Auseinandersetzungen, Streß, Müdigkeit, Ärger. Mutter zu sein, ist ein erfüllendes und prägendes Geschehen. Jedes Kind zieht seine besonderen Spuren in der Seele und in dem Leben seiner Mutter. Wie wohl in keinem anderen Beruf lernt man sich und seine eigenen Grenzen kennen.

Während der letzten Jahre berichteten mir viele Mütter von ähnlichen Erfahrungen, wie ich sie gemacht hatte. Eigentlich hatten sie allen Grund zur Freude und Zufriedenheit – einzigartige Kinder wurden ihnen anvertraut. Statt dessen wurden auch sie von den unerwarteten Begleiterscheinungen der Mutterschaft überrascht und quälten sich mit Selbstzweifeln, Selbstvorwürfen oder Minderwertigkeitsgefühlen. Sind Schuldgefühle eine unvermeidliche Mutterkrankheit? begann ich mich zu fragen.

Die offenen Fragen ließen mir keine Ruhe, und so machte ich mich auf die Suche nach Hilfen. Ich fand viele wertvolle Bücher über Kindererziehung, aber nur sehr wenige befaßten sich mit den vielfältigen Auswirkungen der Mutterschaft auf die Psyche der Frau. Wie geht eine Mutter mit ihrem Versagen um, wenn sie all die guten Ratschläge nicht befolgen kann? Diese Frage fand ich nirgends beantwortet.

Bei meinem eigenen Erleben und Suchen wuchs die Idee zu diesem Buch. Die Arbeit daran war für mich selbst ein Reifungsprozeß. Besonders die Erarbeitung des letzten Teils hat mich sehr ermutigt: Schuldgefühle und Selbstvorwürfe müssen nicht ein Leben lang unsere düsteren Begleiter sein. Schuld ist keine Endstation.

Wenn durch dieses Buch Mütter von den Lasten überhöhter Erwartungen und Forderungen befreit werden und dadurch innere Freiheit und Gelassenheit wachsen können, dann ist mein Wunsch, mit dem ich es auf die Reise zu seinen Leserinnen schicke, erfüllt.

Riehen, im Frühjahr 1995   Annemarie Pfeifer

Teil I

Eigentlich sollte ich glücklich sein

1. Kapitel

Eigentlich sollte ich glücklich sein

»Mami, was schreibst du da?« fragte mich mein 13jähriger Sohn und blätterte neugierig durch die losen Blätter meines Manuskriptes. »Ein Buch«, antwortete ich kurz angebunden, denn ich wollte mich nicht unterbrechen lassen. Aber er ließ sich nicht abwimmeln. »Wie soll es heißen?« faßte er hartnäckig nach. Nun hatte ich den Faden sowieso verloren und wandte mich ihm zu. »Mütter sind nicht immer schuld!« – »Ah«, meinte er gedehnt, »aber fast immer!«

Damit hat er wohl den Nagel auf den Kopf getroffen. Selbst Kindern scheint diese Behauptung schon zur Selbstverständlichkeit geworden zu sein: »Mutter ist immer schuld!« Kein Wunder, daß ich immer wieder Müttern begegne, die an einem dumpfen Schuldgefühl leiden. In Einzelgesprächen nach einem Vortrag, in der angeregten Diskussion in Frauengruppen oder beim entspannten Zusammensein mit Freundinnen bei einer Tasse Kaffee geht es im Grunde genommen immer wieder um das Schuldgefühl, das als eine Art »Problem hinter den Problemen« lauert. Oftmals ist es durch viele gute Absichten und ein übergroßes Engagement für die Kinder verdeckt. Doch wenn man genau hinsieht, zeichnen sich seine Konturen im Nebel des Unbewußten ab. Bei jedem kleineren oder größeren Problem der Kinder wird ein erhobener Zeigefinger sichtbar: »Du bist verantwortlich für das Wohl deiner Kinder! Du solltest es besser machen! Du hast versagt. Du bist schuld!«

Denise erzählt mir von ihrer hyperaktiven Tochter: »Im Gespräch mit der Lehrerin und dem Schulpsychologen kam ich mir vor wie in einer Gerichtsverhandlung. Plötzlich sprachen sie nicht mehr von meiner Tochter, sondern fragten nach unserer Ehe und meinen Lebensgewohnheiten. Die suchen den Grund für ihr Problem bei mir, wurde mir plötzlich klar.«

Judith wird durch einen aufgeregten Telefonanruf ihrer Nachbarin aufgeschreckt. Ihr vierjähriger Sohn habe mit der Nachbarstochter Doktor gespielt und dabei die Hosen ausgezogen. »Habe ich ihn nicht genug aufgeklärt? Habe ich die Kinder zuwenig beaufsichtigt?«, hinterfragt sie sich unverzüglich.

Andreas' Sohn ist behindert. Nur ungern erinnert sie sich an die ersten Jahre mit ihm: »Schon kurz nach der Geburt hatte er einen epileptischen Anfall. Zu Hause schrie er fast Tag und Nacht und brachte mich an den Rand meiner Kräfte. Unzählige Klinik- und Arztbesuche zermürbten mich. Manchmal hielt ich sein Geschrei kaum mehr aus und hätte ihn am liebsten geschlagen. Nach einiger Zeit war ich isoliert, denn sein aggressives Verhalten zerstörte alle Beziehungen. Wenn ihm etwas nicht paßte, wälzte er sich am Boden, schlug andere Kinder und machte mich damit bei den anderen unmöglich. Ich schämte mich und fühlte mich schuldig wegen meiner Aggressionen gegen meinen Sohn und meiner Unfähigkeit, ihn zu lieben. Warum kann ich dieses Kind nicht lieben?« klagt sie sich selbst an.

Susannes erwachsener Sohn ist auf einer Weltreise. Plötzlich teilt ihr sein Vermieter mit, daß seine Wohnung geräumt werden solle, weil er sie nicht in Ordnung gehalten habe. »Ich fühle mich selbst angeklagt. Habe ich ihn nicht genug zur Ordnung erzogen?«

Christas 35jährige Tochter steht kurz vor der Scheidung. »Ist sie wegen der Spannungen in unserer eigenen Ehe nicht fähig zu einer dauerhaften Beziehung?« bohrt es heimlich in ihr.

Miriam gehört zur jüdischen Glaubensgemeinschaft, und ihr Alltag richtet sich nicht nach dem Rhythmus ihrer westlichen Umgebung. Hin und wieder kommen ihre Kinder weinend nach Hause, weil sie von den anderen ausgelacht werden. »Was tue ich diesen Kindern nur an, wenn ich sie nach den Geboten der Thora erziehe und sie dadurch zu Außenseitern werden?« grübelt sie manchmal besorgt.

Warum fühlen sich viele Mütter derart schuldig, wenn ihre Kinder Probleme haben oder ein Fehlverhalten zeigen? Warum suchen so viele Frauen die Schuld zuerst bei sich? Sind Schuldgefühle eine unausweichliche »Mutterkrankheit?« Was hindert Mütter am unbeschwerten Mutterglück?

Das Geheimnis der Mutterliebe

Der Beginn der Mutterschaft ist für viele Frauen ein tiefer Einschnitt in ihr Leben und bedeutet viel mehr als nur die Übernahme von neuen Pflichten. In einer Umfrage unter prominenten Frauen beschrieb eine Fernseh-Ansagerin ihre Gefühle: »Die Geburt meiner Tochter war für mich ein klares Ja zum Leben. Erfolg habe ich gehabt, aber als Mutter habe ich zum erstenmal das Gefühl, zufrieden zu sein. Irgendwie bin ich zur Ruhe gekommen.« Eine erfolgreiche Unternehmerin fügte hinzu: »Erst seit der Geburt meiner Tochter fühle ich mich zum erstenmal richtig zufrieden. Der Grund: Die Werte haben sich relativiert. Materielle Dinge sind in den Hintergrund gerückt.« Viele Frauen beginnen ihre Mutterschaft mit ähnlichen Gefühlen. Mit sehr hohen Erwartungen, großem Idealismus, mit Freude und Zuversicht.

Und dann schlummert das winzige Wesen in ihrem Arm. Hilflos. Anschmiegsam. Liebesbedürftig. Einst war es ein Teil ihres Körpers, eingebettet und behütet im Mutterschoß, in sie verwoben, ein Stück des eigenen Selbst und nun doch irgendwie fremd – ein eigenes Schicksal. Es ist völlig abhängig und doch ausgestattet mit einem starken Willen, angewiesen auf liebevolle Betreuung und doch erfüllt von unbändigem Entwicklungsdrang, die Erfüllung eines tiefen Wunsches und doch Auslöser von neuen Bedürfnissen. In den schönen Momenten – umschlungen von pummeligen Armen, erheitert durch drolliges Plappern – würde man die Kinder niemals hergeben.

Abgesehen von einigen Extrembeispielen, die durch die Presse hochgespielt werden, gehen die meisten Eltern mit den besten Absichten an die große Aufgabe der Kindererziehung. Schon als Lehrerin staunte ich immer wieder über die enge Beziehung zwischen Mutter und Kind. Da betreute ich Kinder, die ich gleich vom ersten Augenblick in mein Herz schloß. Aber dann gab es auch die anderen, die nervösen, lauten, ungeschickten, die immer dabei sind, wenn etwas schiefgeht, und die das Chaos geradezu anziehen. Oftmals mußte ich mir alle Mühe geben, diese Kinder mit ihren schwierigen Eigenarten anzunehmen. Doch ich erfuhr oft, daß die Eltern, trotz allem Ärger und nervlicher Anspannung, zu ihrem Problemkind standen.

Der Filmheld Kevin ist ein solches Kind. Was er auch sagt und anfaßt – immer kommt es falsch heraus. Durch einen unglücklichen Zufall schläft er unschuldig weiter, als seine Familie nach Europa in die Weihnachtsferien fliegt. Erst im Flugzeug, als alle gut angeschnallt auf ihren Sitzen versorgt sind, durchzuckt die Mutter reflexartig ein nur zu bekannter Gedanke: »Kevin!!!« – Kevin ist allein zu Hause. Plötzlich ist die Mutter hellwach und gönnt sich keine ruhige Minute mehr. Aller Ärger mit diesem Kind ist vergeben, alle Unruhe vergessen. Kevin ist ihr Kind, und er braucht sie. Nervös telefoniert sie nach Hause, hartnäckig sucht sie einen Rückflug, verzweifelt bittet sie die Reisenden um ein Ticket. Sie ist bereit, alles zu geben, um bei ihrem Kind zu sein. Nach einer langen, zermürbenden Reise schließt sie schließlich ihren Jungen glücklich in die Arme. – Kevin und seine Mutter eroberten die Herzen von Millionen von großen und kleinen Zuschauern. Warum war dieser Film so erfolgreich?

Da ist einmal der oft mißverstandene Kevin mit seinen großen, blauen, unschuldigen Augen, der schließlich die einfältigen Gangster mit viel Phantasie überlistet. Aber dann begegnen wir, in einer Nebenrolle nur und gleichsam sinnbildlich für die heutige Zeit, einer Mutter, die lebt und fühlt wie Sie und ich. Sie kennt wie wir Ärger und Frust und weiß manchmal nicht, wie sie handeln soll. Sie spürt die Bedürfnisse ihres Kindes, hat aber nicht immer die Kraft, sie zu stillen. Wie so viele andere Mütter plagt sie sich mit Schuldgefühlen. Aber was auch immer passiert, es ist ihr Kind, und sie wird immer zu ihm stehen.

Warum lieben Eltern ihre Kinder? Warum bedeuten mir diese Kinder so viel? Das habe ich mich schon manchmal gefragt, nach einem langen Tag, wenn sie mich bis an den Rand meiner Kräfte forderten. Mutterliebe (und natürlich auch Vaterliebe) ist letztlich ein Geheimnis, das alles logische Verstehen übersteigt. Und so begegne ich immer wieder Müttern, die ihre Kinder begleiten, tragen, ertragen, unterstützen, für sie hoffen, glauben, beten. Lehrer und Jugendleiter, Freunde und Kollegen sind für eine Zeit Begleiter. Mutter bleibt man bis zum letzten Atemzug.

Doch leider können Mütter heute nicht mehr unbekümmert lieben. Die Mutterliebe hat sich von einer natürlichen Regung zu einem Forschungsfeld der Psychologie gemausert. Argwöhnisch beobachten »Profis« die Folgen der mütterlichen Liebe und diskutieren über das richtige Maß. Elternschaft wurde zum wissenschaftlichen Projekt. Unzählige Bücher und Artikel beschreiben, was eine gute Mutter alles können und unterlassen soll. Fast wird man komisch angeschaut, wenn man keine Probleme äußert. Wahrscheinlich hat man sie verdrängt ...»Neue Eltern« gehen nicht mehr gefühlsmäßig und nur mit ihrem gesunden Menschenverstand an ihr großes Werk, sondern nach allen Regeln der psychologischen Erkenntnis.[1]

Die neuen Mütter

Mutterschaft ist nicht nur eine Sache des Gefühls, sondern wird heute zunehmend zu einem Vorhaben, das man mit Umsicht und Vorsicht plant.

»Im Herbst versuchen wir es mit einem Baby, doch zuerst möchten wir im Sommer noch ungestörte Ferien genießen.«

»Mit meinem Kind möchte ich noch warten, ich fühle mich innerlich noch zu wenig gefestigt für diese Aufgabe.«

Solche Aussagen erstaunen heute niemanden. Kinder sind kein Schicksal mehr, sondern werden sorgfältig in den individuellen Lebensplan eingebaut. Zuerst will man das Leben genießen. Reisen. Unabhängig sein. Geld verdienen. Erst wenn man alles ausgeschöpft hat, ringt man sich zur Abrundung des inneren Wachstums und zum Erfahren ursprünglicher Männlichkeit/Weiblichkeit zur Zeugung von Nachkommen durch. Dabei versucht man das beinahe Unmögliche: Die beruflichen und die individuellen Wünsche des Vaters und der Mutter sollen mit dem Kinderwunsch zusammenpassen.[2]

Seit der zweiten Hälfte dieses Jahrhunderts erst bewegen sich Frauen vermehrt in der Welt außerhalb ihres Heims. Gute Ausbildungs- und Arbeitsmöglichkeiten erschlossen größeren Gruppen von Frauen die Wahlmöglichkeit zwischen einem traditionellem Leben und einem Leben ohne Familie, ohne Mann, ohne Kind. Zum erstenmal lockte das Leitbild der unabhängigen, selbständigen Frau. Plötzlich gab es Vergleichsmöglichkeiten zwischen dem, was das eigene Leben bot, und dem, was man auch hätte erreichen können. Die Einheitlichkeit der normalen Frauenbiographie brach auf, neue Lebensrhythmen, Ziele, Lebensformen lockten. Eine neue Vielfalt bot sich an.

Was heißt das nun konkret für die Durchschnittsfrau? Auf den ersten Blick veränderte sich nicht viel. Untersuchungen zeigen, daß auch heute nur eine kleine Minderheit bewußt kinderlos bleiben möchte. Die Mehrheit wünscht sich mindestens ein Kind.

Bei genauerem Hinschauen wird jedoch ein starker Unterschied sichtbar. Innerhalb eines Vierteljahrhunderts haben sich die Lebenspläne des einzelnen drastisch verändert. Familie und Kinder sind noch immer ein Teil des Lebensplanes, aber sie sind nicht mehr das vorrangige und einzige Lebensziel der Frau. Heute wünscht man sich Vereinbarkeit von Mutterschaft und eigenen persönlichen Plänen. Eine Studentin formuliert dies folgendermaßen: »Ich will beides, Beruf und Kind, denn ich möchte nicht ganz von meinem Mann abhängig sein. Neben dem Kind brauche ich noch eine andere Aufgabe, die mir Selbstbestätigung gibt.«

Mütter in der Zerreißprobe

Doch das Traumziel »Vereinbarkeit« ist oft weit von der Realität entfernt. Die Mütter sind innerlich zerrissen zwischen dem Wunsch, ganz für die Kinder da zu sein und dem Verlangen nach ihrer eigenen Entfaltung. Das ersehnte Wunschkind ist da – und eigentlich sollte man glücklich sein. Doch die neuen Freiheiten werden für manche Frauen auch zur Zerreißprobe und trüben das erwartete Mutterglück.

Eine junge Ärztin erzählte mir von ihrem Dilemma:

»Ich liebe meinen Beruf sehr. Lange konnte ich meinen Teilzeitjob in einem Krankenhaus und meine Kinder gut unter einen Hut bringen. Anfangs arbeiteten mein Mann und ich abwechselnd, oder wir wurden durch meine Eltern entlastet. Dann kamen die Probleme

13

mit unserer Tochter: Ihre Sprachentwicklung war verzögert, im Kindergarten konnte sie sich nicht einordnen, und in der Schule hatte sie dann Konzentrationsschwierigkeiten. Plötzlich schmolz meine Sicherheit dahin. Die verhaltene Kritik meiner Schwiegereltern brannte wie Nadelstiche: ›Eine gute Mutter bleibt bei ihren Kindern, sonst macht sie sich schuldig.‹ Ich liebe meine Kinder, aber ich liebe auch meinen Beruf. Wie kann ich meine Schuldgefühle loswerden und den Forderungen von Familie und Beruf gerecht werden? Warum fühlt mein Mann sich nicht schuldig, wenn er arbeitet? Er ist doch schließlich der Vater der Kinder.«

Auch Vollzeitmütter schwelgen nicht nur im Mutterglück. Eine Hausfrau und Mutter von vier Kindern berichtet: »Meine jüngste Tochter ist sehr ängstlich und hatte Mühe, als sie in die Schule kam. Jeden Morgen weinte sie so lange, bis ich sie begleitete – und schon wurde ich von der Lehrerin der Überbehütung verdächtigt. Da entstünden eben zu starke Bindungen, wenn man immer zu Hause sei.«

Mütter stehen im Trommelfeuer der Kritik. Bleiben sie zu Hause, wirft man ihnen vor, daß sie ihre Kinder überbehüten, gehen sie aber einer Arbeit nach, verdächtigt man sie, ihre Kinder zu vernachlässigen und nur ihr eigenes Wohl zu suchen. Was sie auch tun, es ist immer falsch, und Schuldgefühle folgen auf dem Fuße. Im ersten Teil dieses Buches werden wir uns ausführlicher mit den Auswirkungen der Mutterschaft auf unser Leben beschäftigen. Kinder verändern das Leben der Mutter im körperlichen, seelischen und sozialen Bereich. Wenn all das Neue nicht so leicht verkraftet wird, ist das keine Frage der Schuld, sondern eine ganz normale Reaktion auf Streß und körperliche Veränderungen.

Zwischen Ideal und Wirklichkeit

Die meisten Mütter leben im Spannungsfeld zwischen dem, wie sie sein möchten, und dem, wie sie sich täglich erleben. Angetrieben von den verschiedensten Erwartungen versuchen sie, es allen recht zu machen und sind doch immer wieder konfrontiert mit ihrem Unvermögen. Man liebt seine Kinder und möchte nicht ohne sie leben.

Eigentlich sollte man wunschlos glücklich sein: Ein gesundes Kind wurde einem anvertraut. Man ist materiell versorgt und hat allen Grund, zufrieden zu sein. Dennoch wird man manchmal von einer Unruhe getrieben und fühlt sich unzufrieden, unerfüllt, minderwertig.

Ideal und Wirklichkeit sind selten deckungsgleich. Je mehr eine Mutter von sich und ihren Kindern erwartet, umso stärkeren inneren Spannungen ist sie ausgesetzt. Denn im Alltag wird sie immer wieder schmerzlich erleben, daß sie diesen Anforderungen nicht genügen kann. Je weiter das eigene Verhalten und die angestrebten Ideale auseinanderklaffen, desto stärker werden die Schuld- und Versagensgefühle sein. Die folgende Abbildung verdeutlicht diesen Zusammenhang.

Abb. 1.1: Mütter im Spannungsfeld zwischen Idealen und Wirklichkeit

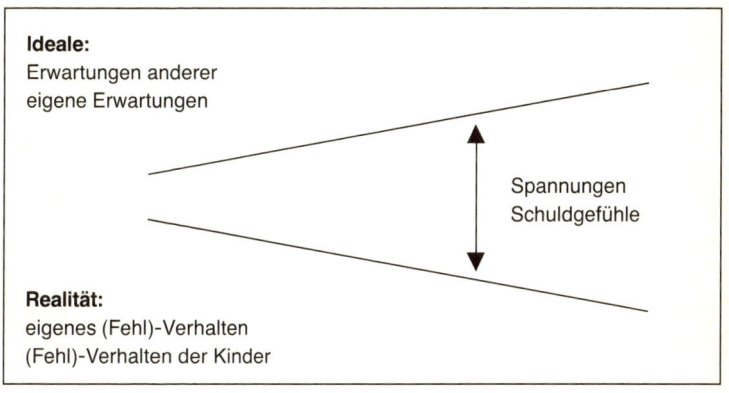

Werfen wir einen Blick auf die verschiedenen Erwartungen, die uns unter Druck setzen können.

Erwartungen von außen

Als Mutter hat man oft den Eindruck, von den vielen Erwartungen und Ansprüchen von außen ausgepreßt zu werden wie eine Zitrone.

Alle wollen etwas – und was ist mit mir?

»Gehst du schon wieder weg?«

»Nie hast du Zeit für mich.«

»Warum sind keine frischen Socken in der Schublade?«

Sind Ihnen diese Aussprüche nicht allzu gut bekannt?

Zu den Erwartungen von Ehemann und Kindern gesellen sich die Forderungen der modernen Psychologie, die von den Müttern Unmögliches verlangt, indem sie ihnen die alleinige Verantwortung für die seelische Entfaltung der Kinder überträgt. Nur wenn Mütter ihre Kinder zärtlich lieben und eng an sich binden, sie aber gleichzeitig nach dem exakten, psychologisch erforschten Zeitplan in die Unabhängigkeit entlassen, wachsen sie nach Meinung vieler Fachleute ohne seelische Schäden zu ausgeglichenen Menschen heran. Wachstum oder Stillstand, seelische Entfaltung oder Verklemmtheit, Glück oder Unglück liegen in der Hand der Mütter. Damit werden sie zum Schicksal ihrer Kinder. Was die Mutter sät, wird das Kind ernten. Eine psychologische Fachzeitschrift faßt die verhängnisvollen Folgen dieser Lehrmeinung selbstkritisch zusammen:

> »Was Mütter auch tun und lassen – sie scheinen auf alle Fälle alles falsch zu machen. Die Gesellschaft und auch die Psychologie haben mit Schuldzuweisungen niemals gegeizt. Sie haben die überbehütende Mutter, die vernachlässigende Mutter, die schizophrenogene Mutter ausgemacht, die immer schuldig ist, wenn es mit dem Nachwuchs Schwierigkeiten gibt.«[3]

Wir werden uns später mit den Forderungen der Psychologie auseinandersetzen und überprüfen, wieweit man die Mütter verantwortlich und auch schuldig sprechen kann. Ich darf Ihnen schon jetzt verraten, daß moderne Forschungsarbeiten bestätigen: Mütter sind nicht immer schuld.

Erwartungen und Bedürfnisse der Kinder

Kinder haben viele Bedürfnisse. Die Entwicklungspsychologin Lotte Schenk-Danzinger faßte sie zusammen:

> »Wir unterscheiden *primäre Bedürfnisse* (auch physiologische

oder angeborene Bedürfnisse genannt) nach Nahrung, Flüssigkeit, Sauerstoff, Schlaf, sexueller Befriedigung, Schmerzvermeidung, Bewegung und Expansionsmöglichkeiten (Neugierdeverhalten) und *sekundäre Bedürfnisse* nach Sicherheit, Liebe und Geborgenheit, Kontakt, Geltung, Macht, Prestige, Besitz und Selbstverwirklichung.«[4]
Diese trockenen Fachworte umschreiben ein ganzes Lebensprogramm für die Mütter. Die primären Bedürfnisse sind noch einigermaßen leicht zu stillen. Essen und Trinken, Schlafen und Bewegung sind eine Selbstverständlichkeit. Viel mehr Anstrengung und Einsatz erfordern die sekundären Bedürfnisse nach Liebe, Geborgenheit oder Selbstverwirklichung. Diese seelischen Verlangen sind verschieden interpretierbar und stellen an uns Eltern fast unerfüllbare Anforderungen.

Nehmen wir das *Bedürfnis nach Liebe*. Wir wissen es nur zu gut: Kinder brauchen Zuwendung, Annahme, Zärtlichkeit. Heinrich Heine drückte es einmal so aus: »Mit einer Kindheit voll Liebe kann man ein ganzes Leben aushalten.«

Liebe ist der nahrhafte Boden, auf dem das Kind erstarken, seine Fähigkeiten entfalten und seine Anlagen ausschöpfen kann. Die Gewißheit, »Du bist gewollt«, »Dich würden wir nie hergeben«, ist wie ein Boden, in den es tiefe Wurzeln schlagen kann. Fest verankert ist es gerüstet für die unberechenbaren Stürme des Lebens.

Bedingungslose Liebe ist das größte Geschenk, das man einem Kind machen kann. Doch wer kann diese schon vollendet spenden? Der amerikanische Psychologe Ross Campell, der sich intensiv mit der Eltern-Kind-Beziehung auseinandergesetzt hat, schrieb: »Das Fundament einer soliden Beziehung zu unserem Kind heißt bedingungslose Liebe. Nur eine solche liebevolle Beziehung kann einem Kind zur vollen Entfaltung seiner Anlagen verhelfen.« Er schränkte diese Forderung aber gleich selbst ein: »Die bedingungslose Liebe stellt ein Ideal dar, das wir wohl nie hundertprozentig erreichen können.«[5] Und schon stehen wir vor einem Dilemma: Wie werde ich damit fertig, daß mein Kind sich wegen meiner Schwäche nicht voll entfalten kann? Wie kann man gelassen bleiben, wenn man diesen hohen Anforderungen gegenübersteht?

Erwartungen an sich selbst

Nicht immer sind es die Forderungen der anderen, die uns in Atem halten. Jeder Mensch nimmt die Erwartungen von außen durch den Filter seiner eigenen Lebenseinstellung, die er sich im Laufe des Lebens angeeignet hat, auf.

»Ich muß es allen recht machen.«

»Ich darf keine Fehler machen.«

»Ich muß perfekt sein.«

Wer nach diesen und ähnlichen Lebensmottos lebt, wird die Aufgaben einer Mutter als schwere Bürde erfahren. Oft sperren wir uns selber ein – in ein Gefängnis von Minderwertigkeit und Schuld, mit überhöhten Forderungen an uns selbst. Deshalb ist der letzte Teil des Buches seelischen Vorgängen gewidmet, denn bleibende Veränderung muß von innen kommen.

2. Kapitel

Supermütter gesucht

»Gesucht – ideale Mutter«, titelte letzthin eine Modezeitschrift in großen Lettern. Ein Wettbewerb sollte das Interesse der Käuferinnen wecken. Großzügige Preise winkten jenen Frauen, die der Redaktion besonders gute Mütter meldeten. »Damit meinen wir jene Frauen, die ruhig, geduldig und hingebungsvoll ihre Aufgabe als Mutter erfüllen«, verdeutlichte die Zeitschrift ihre Vorstellung. Ob ich mich da melden könnte? schoß es mir durch den Kopf. Schuldbewußt dachte ich an unsere hitzige Diskussion am Mittagstisch. So etwas paßt anscheinend nicht in das Bild einer guten Mutter. Da wäre ich wohl schnell disqualifiziert!

Viele Vorstellungen und Erwartungen ranken sich um die ideale Mutter. Man spricht von Mutterglück, Mutterliebe, Mutterfreude, Mutterinstinkt und denkt, daß sich das alles mit dem ersten Milcheinschuß von selbst einfinden wird. Meyers Taschenlexikon faßt dieses allgemeine Volkswissen in die folgenden Worte: »Mutter, Frau die geboren hat . . . – Die Verhaltensforschung nimmt mit der Geburt die Auslösung eines angeborenen Mutterinstinktes an, d.h. Pflegeverhalten bzw. Brutpflege und emotionale Zuwendung.«

Während sie sich auf die Geburt vorbereiten, Babykleidung sortieren und die Wiege liebevoll beziehen, sind viele Frauen von romantischen Vorstellungen über ihren neuen Zustand erfüllt. Diese werden von Bemerkungen von Freunden und Verwandten, Ratgeberbüchern und Freundinnen fleißig genährt. »Wenn dann das Kind da ist, wird sich alles ergeben.« »Frauen haben das Muttersein im Blut und wissen instinktiv, was das Beste für ihr Kind ist.«

Ebenso viele Vorurteile haften am Bild von der bösen Rabenmutter. Besonders negativ belastet sind die Stiefmütter. Schon im frühen Kindesalter lernt man im Märchen den Schrecken der Stiefmutter kennen. Mitleidig fröstelnd leidet man mit Brüderchen und Schwesterchen, die traurig sprechen: »Seit die Mutter tot ist, haben wir keine gute Stunde mehr; die Stiefmutter schlägt uns alle Tage, und wenn wir zu ihr kommen, stößt sie uns mit den Füßen fort. Die harten Brotkrusten, die übrigbleiben, sind unsere Speise, und dem Hündchen unter dem Tisch geht's besser: dem wirft sie manchmal die guten Bissen zu. Daß Gott erbarm; wenn das unsere Mutter wüßte.« Auch andere Märchen haben dafür gesorgt, daß Stiefmütter neben Hexen, Drachen und bösen Gnomen zu den Schreckensbildern der Kinderstube gehören. Und so ist es bis heute ein tiefsitzendes Vorurteil, daß nur die leibliche Mutter einem Kind echte Liebe schenken kann. Auch moderne Stiefmütter (und deren Zahl steigt drastisch!) leiden darunter. Nach Schätzungen der Deutschen Arbeitsgemeinschaft für Jugend und Eheberatung werden von den Kindern, die heute zur Welt kommen, 40 bis 50 Prozent nicht in ihrer ursprünglichen Familie aufwachsen und mit großer Wahrscheinlichkeit mit einer Stiefmutter oder einem Stiefvater ihr Leben teilen.[1]

Allein schon das Wort ruft oftmals Unbehagen und Mißtrauen hervor, so tief ist die Vorstellung von der grausamen Stiefmutter in uns verankert. Eine Frau berichtet, wie sie sich in der Schule ganz selbstverständlich als die Stiefmutter ihres Sohnes vorstellte. Erst das betretene Schweigen der anderen Eltern ließ sie spüren, daß etwas mit ihr nicht stimmen konnte.

Viele Vorstellungen von Schwangerschaft und Mutterschaft werden von Generation zu Generation überliefert und haben manchmal beinahe magischen Charakter. Ähnlich wie in der Phase der ersten Verliebtheit schwelgt man in Traumbildern über die Mutter-Kind-Beziehung. Oft erwartet man unterschwellig, daß durch die Tatsache der Mutterschaft aus einer normalen durchschnittlichen Frau über Nacht ein anderes Wesen werde. Mit dem Wachstum des Bauches, den Veränderungen im Hormonhaushalt, dem Erlebnis der Geburt und dem Stillen des Säuglings sollen sich ganz neue Fähigkeiten und Charakterzüge entfalten. Die unternehmungslustige, lebensfrohe und lebhafte Frau soll sich über Nacht in das Idealbild der ruhigen, hingebungsvollen und allwissenden Mutter verwandeln.[2]

Es gibt eine unendlich lange Reihe von Vorstellungen darüber, wie sich eine Frau um ihr Kind kümmern müsse, was sie ihm gegenüber fühlen solle und was richtig oder falsch sei. Unser Ideal einer »guten Mutter« wird einen entscheidenden Einfluß auf mögliche Schuldgefühle haben, denn unser Gefühlsleben ist eng mit den Lebensregeln, Werten, Ideen, Überzeugungen und Einstellungen verkettet, die wir uns im Laufe des Lebens angeeignet haben. Stellen Sie sich eine Mutter vor, die als Kind sehr streng erzogen wurde. Für jeden kleinen Fehler wurde sie hart bestraft. Über alles mußte sie Rechenschaft ablegen. Langsam gelangte sie zur Überzeugung, daß man perfekt sein müsse, um vor anderen bestehen zu können. Diese Haltung wird auch in ihren Familienalltag einfließen. Wahrscheinlich wird sie auf Vorwürfe und Erwartungen viel schneller mit Schuldgefühlen antworten, als jemand, der gelernt hat, daß er trotz seiner Fehler eine wertvolle Person ist.

Unsere Gefühle hängen also nicht nur von den äußeren Umständen ab, sondern auch davon, wie wir sie bewerten. Nicht die Tatsache der Mutterschaft und die daraus folgenden Anforderungen und Veränderungen allein werden unsere Gefühle beeinflussen. Zwischen dem auslösenden Ereignis und den Gefühlsregungen liegt der Filter der eigenen Bewertung. Der bekannte Therapeut Albert Ellis hat diese Erkenntnis in die sogenannte ABC-Theorie gefaßt.[3]

Abb. 2.1: Gefühle als Folge der eigenen Bewertung

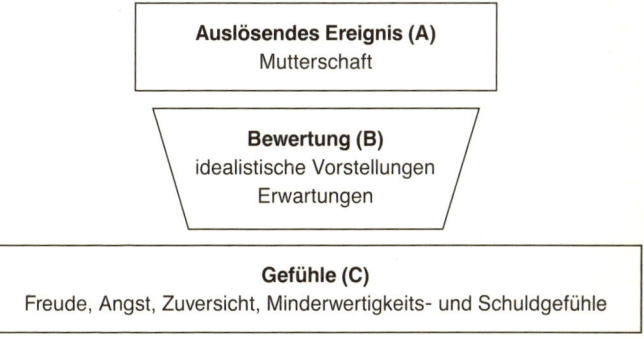

Auslösendes Ereignis (A)
Mutterschaft

Bewertung (B)
idealistische Vorstellungen
Erwartungen

Gefühle (C)
Freude, Angst, Zuversicht, Minderwertigkeits- und Schuldgefühle

Unsere »innere Liste« von Dingen, die eine gute Mutter können und wissen sollte, wird unsere Gefühlswelt in starkem Maße färben.

Auch der deutsche Psychologieprofessor Reinhard Tausch betont in seinem Buch »Hilfen bei Streß und Belastung« den Einfluß der eigenen Einstellung: »Persönliche Theorien – wir müssen perfekt sein oder wir wären für andere, etwa für das Verhalten der Kinder oder Gäste, verantwortlich – führen dazu, daß wir viele Situationen als schwierig, als schwerer zu bewältigen wahrnehmen, und wir empfinden deshalb mehr Spannung. Weniger belastet fühlen wir uns, wenn wir uns überwiegend für unsere Tätigkeiten in der Situation verantwortlich sehen.«[4]

Auch Christinnen können sich dem Druck von überhöhten Idealen nicht entziehen. Im Gegenteil: Sie sind oft besonders empfänglich für ihn, denn sie möchten ihre Aufgabe in der Verantwortung vor Gott und als Zeugnis für andere besonders gut lösen.

Doch betrachten wir einige der verbreiteten Ideale über die Mutterschaft einmal genauer.

Ideal Nr. 1: Gute Mütter sind Naturtalente

Keine Aufgabe im Leben packt man so unvorbereitet an, wie die Lebensaufgabe der Mutterschaft. Man besucht zwar regelmäßig das Schwangerschaftsturnen, lernt tief in den Bauch zu atmen, macht Entspannungsübungen und bereitet sich auf das tiefgreifende Erlebnis der fast schmerzfreien natürlichen Geburt vor. Vielleicht besucht man sogar gemeinsam mit dem werdenden Vater einen Säuglingskurs, lernt die ultra-saugfähigen Pampers fachkundig am bewegungslosen Popo der Übungspuppe anzubringen, diskutiert über die gesündeste (selbstverständlich biologische) Babynahrung und wird schließlich mit dem beruhigenden Gefühl umfassender Vorbereitung in den Ernstfall entlassen. Daß Säuglinge allzu schnell zu Kleinkindern, zu Schülern und schließlich zu Teenagern werden, darum sorgt man sich glücklicherweise noch nicht. »Das wird dann schon alles von selbst kommen. Wir handeln dann nach dem gesunden Menschenverstand oder nach dem angeborenen Mutterinstinkt. Das liegt einer guten Mutter doch im Blut«, wird man beruhigt. Gute Mütter sind von Natur aus mit der Fähigkeit ausgestattet, perfekt für ihr Kind zu sorgen.

Ideal Nr. 2: Gute Mütter kennen die Bedürfnisse ihrer Kinder

In der Tat kennen Mütter ihre Kinder am besten. Besonders solange es ein Kleinkind war, haben sie es rund um die Uhr versorgt, sind zu allen Nachtstunden aufgestanden, haben freudig die kleinsten Entwicklungsstufen begrüßt, kennen seine Gelüste und Abneigungen, seine Eßgewohnheiten und Krankheiten. Mütter haben tatsächlich oftmals einen sechsten Sinn. Ein Blick in die vordergründig unschuldigen Augen ihres Kinder genügt der Mutter, und sie weiß, wer die Scheibe im Nachbarhaus zerschlagen hat. Schon am Zuknallen der Tür erkennt sie den Seelenzustand der heimkehrenden Tochter. Auch ohne Worte erfühlt sie die im Teenager brodelnden Konflikte. Doch erahnen gute Mütter immer intuitiv, was ihr Kind braucht, wie es ein Psychoanalytiker bei einem Kongreß forderte?

»Ein kleines Kind verfügt nicht über die Worte, mit denen es sich mitteilen könnte. Es kann nur dadurch kommunizieren, daß es eine bestimmte affektive (emotionale) Reaktion herbeiführt. Wenn dieser Affekt von der Mutter aufgegriffen und verstanden wird, kann sie das, was das Kind ihrer Meinung nach erlebt, in Worte fassen . . . Ist die Mutter eine Frau, die ihren emotionalen Hunger, ihre Ambivalenz, ihren Haß oder irgendeinen anderen Aspekt ihrer selbst nicht akzeptiert, wird sie nicht einfühlsam auf die Botschaften des Kindes reagieren, und das Kind wird sich mißverstanden und alleingelassen fühlen.«[5]

Kinder brauchen nach Meinung dieser Fachleute also das absolute Verständnis durch die Mutter. Wenn sie das nicht bieten kann, wird ihr eine nicht gerade noble Gesinnung unterstellt. Schon an der Intensität und an der Tonlage des Weinens ihres Babys sollte sie spüren, was in ihm vorgeht, sie sollte seine tiefsten Geheimnisse erahnen, in seiner Seele lesen wie in einem offenen Buch und wissen, was es nötig hat, denn gute Mütter kennen ihre Kinder durch und durch.

Ideal Nr. 3: Gute Mütter leben nur für ihre Kinder

Kinder brauchen ihre Mütter, daran zweifelt wohl niemand. 24 Stunden am Tag, 365 Tage im Jahr benötigen sie Fürsorge und Aufmerksamkeit, besonders wenn sie klein sind. Doch diese richtige Feststellung kann auch übersteigert werden: Niemand, auch nicht der Vater, kann Mamas Gegenwart ersetzen. Besonders im ersten Jahr sollte sie ihr Kind nicht aus den Augen und Armen lassen, wenn es nicht seelische Schäden davontragen soll. Gute Mütter gönnen sich keine Verschnaufpause, sondern sind allzeit abrufbereit. Feste Stillzeiten, wie man sie früher kannte, sind verpönt. Das Kind könnte ja Verlassenheitsgefühle entwickeln, wenn es mit dem schrecklichen Hungergefühl im Bauch sich selbst überlassen im Bettchen läge. Deshalb tragen gute Mütter ihre Kinder stets mit sich herum, damit sie jedes aufkeimende Bedürfnis des kleinen Erdenbürgers schnellstens stillen können. Andere Menschen, wie der Vater, Freunde und Verwandte sind nie in der Lage, so feinfühlig auf es einzugehen. Gute Mütter von Kleinkindern können durch niemanden auch nur stundenweise ersetzt werden.

Kinder brauchen ihre Mutter zu vollen 100 Prozent. Da bleibt kein Platz mehr für die eigenen Interessen und Wünsche. Kein Telefongespräch kann mehr in Ruhe geführt werden, ohne daß sich der Nachwuchs störend einmischt, kein Kurs besucht werden, ohne daß sich Gewissensbisse melden. Ein langsamer Wiedereinstieg in den Beruf oder eine Teilzeitbeschäftigung liegen außerhalb jeder Diskussion. Gute Mütter kümmern sich ausschließlich um ihre Kinder.

Ideal Nr. 4: Gute Mütter haben erfolgreiche Kinder

»Unsere Kinder sollen es einmal besser haben als wir«, das wünschen sich wohl die meisten Eltern. Doch leise schwingt oft auch die Vorstellung mit, daß die Kinder es einmal besser *machen* sollen. Heute stellt man sehr hohe Anforderungen an das Wunschkind. Schon im Mutterleib untersucht man durch pränatale Diagnostik, ob das werdende Wesen der gängigen Norm entspricht. Besteht auch nur der Verdacht einer Behinderung, steht es der Schwangeren frei, das Kind »wegmachen« zu lassen. Eltern, die ihr behindertes Kind annehmen möchten, stehen zunehmend unter Druck, weil sie der Gesellschaft unnötige Kosten aufbürden. Gute Mütter haben gesunde Kinder.

Darf dann das Kind tatsächlich das Licht des Welt erblicken, beginnt das große Erziehungswerk der Eltern. Denn die heute gängige Theorie besagt, daß Kinder als unbeschriebene Blätter zur Welt kommen, die man beliebig prägen und formen kann. Wenn man sein Kind bedingungslos liebt, es von klein auf fördert und verständnisvoll begleitet, kann nichts mehr schiefgehen, dann wird ein glücklicher, ausgeglichener, erfolgreicher junger Mensch heranwachsen. Erfolg ist machbar. Kinder sind das Produkt der Erziehungsanstrengungen ihrer Eltern. Gute Mütter kann man am Erfolg ihrer Kinder messen.

Doch was heißt heute erfolgreich? Schulische Leistung. Angepaßtes Verhalten. Durchsetzungsvermögen in der Arbeitswelt. Wenn Kinder dies verwirklichen, darf sich eine Mutter glücklich preisen. Doch wird die Mutter, die geduldig zu ihrem auffälligen »POS-Kind«[6] steht, die stundenlang mit ihrem schwachbegabten Kind übt, die jahrelang für ihr drogensüchtiges Kind betet, auch in die Liste der Top-Mütter eingetragen werden? Wohl kaum, denn gute Mütter haben erfolgreiche Kinder.

Ideal Nr. 5: Gute Mütter machen ihre Kinder glücklich

Im Zeitalter des Hedonismus[7] ist das individuelle Glück, das Ausschöpfen der eigenen Ressourcen, die bestmögliche Entfaltung der Persönlichkeit das höchste Lebensziel. Kinder haben das Recht auf ein glückliches Leben. Moderne Kinder müssen so ausgerüstet werden, daß sie sich bestmöglich verwirklichen können. Eine gute Mutter hat dieses neue Ziel verinnerlicht. Sie legt die Grundlage für das Glück ihrer Kinder durch ihr Verhalten und schafft die ideale Umgebung, von der das Wohlbefinden der Kinder abhängt. Sie fährt es zu den vielfältigen Freizeitbeschäftigungen, stattet es mit den begehrten Markenkleidern aus, räumt ihm Schwierigkeiten aus dem Weg, hält es fern von den Widrigkeiten des Lebens und achtet darauf, daß seine Bedürfnisse möglichst rasch befriedigt werden. Wenn die Kinder trotzdem Probleme haben, unglücklich oder unzufrieden sind, tragen die Mütter trotz allem die Schuld, denn gute Mütter machen ihre Kinder glücklich.

Ideal Nr. 6: Gute Mütter genießen die Zeit der Mutterschaft

Mütter werden im Augenblick der Geburt ganz automatisch von Mutterglück erfüllt. Diese niedlichen Wesen, die einem da anvertraut worden sind, sind sie nicht eine Quelle nie endenden Glückes? Stimmungsschwankungen, Wutausbrüche und ablehnende Gedanken sind in einer guten Familie nicht bekannt und könnten den Kindern schaden. Nur glückliche Mütter haben glückliche Kinder.

Muttersein geht so schnell vorbei, und man sollte jeden Augenblick ausgiebig genießen. Eine gute Mutter wird sich deshalb nur schwer von ihren Lieblingen trennen und schier unerträgliche Sehnsucht empfinden, wenn sie nicht dauernd um ihr Kind sein kann. Negative Gefühle oder gar ablehnende Gedanken würden das kindliche Gleichgewicht empfindlich stören.

Vollends nicht zu verstehen sind auch Frauen, die sich trotz Mutterschaft nach ihrem erlernten Beruf sehnen. Allein die Tatsache, daß man Mutter ist, müßte doch zu einer tiefen Zufriedenheit und einem inneren Glück führen, denn gute Mütter sind ganz von Mutterglück erfüllt.

Ideal Nr. 7: Gute Mütter machen keine Fehler

Die moderne Psychologie schildert Kinder oft als sehr verletzliche, hilflose Wesen, deren Entwicklung ganz von der Fürsorge ihrer Mütter abhängig ist. Besonders im zarten Säuglingsalter kann jeder Fehler, jedes falsche Gefühl fatale Folgen haben und unheilbare Wunden in die zerbrechliche kindliche Psyche schlagen. Nervöses

Verhalten, Ängste und Schulschwierigkeiten können alle auf eine Ursache zurückgeführt werden: willentliche oder auch unabsichtliche Erziehungsfehler der Mutter.

Diese Meinung ist heute zum Allgemeingut geworden – auch in christlichen Kreisen. Ich selber ertappe mich leider auch manchmal beim Denken in diesen Mustern. Nach dem Gottesdienst erzählte mir eine Kollegin von der drogensüchtigen Tochter einer Frau aus unserem Bekanntenkreis. Als ich später über dieses Gespräch nachdachte, merkte ich, daß unsere Gedanken nicht nur voll Mitgefühl bei dieser Familie weilten. Im Gegenteil. Fast automatisch landeten wir bei der allzu häufigen Frage: Was haben die wohl falsch gemacht? Große Probleme werden doch durch große Fehler verursacht. Deshalb sind gute Mütter fehlerlos.

Streß durch überhöhte Ideale

Leider weiß jede erfahrene Mutter, daß diese Ideale dem Belastungstest des Familienalltags nicht standhalten. Plötzlich wiegt man selbst nächtelang ein Baby mit Bauchkrämpfen hilflos im Arm, schämt sich über die Wutausbrüche des dreijährigen Trotzkopfes, sieht ängstlich dem nächsten Schulzeugnis entgegen, hofft, daß der rebellierende Teenager wieder zum Glauben zurückfinden wird, und merkt, daß das Begleiten der Kinder in der Praxis anders läuft als in den idealistischen Vorstellungen.

Wenn man diese Ideale zu Lebenszielen umformuliert und sie verbissen verfolgt, wird das Leben anstrengend, denn man hat sich damit Ziele gesetzt, die man nie erreichen kann. Die Aufgabe der Mutterschaft ist sehr erfüllend und lohnend, abwechslungsreich und bereichernd, aber sie ist kein Gang durchs Schlaraffenland, wo sich alles von selbst ergibt. Mutter sein heißt auch, an seine Grenzen stoßen, nicht mehr weiter wissen, sich ängstigen und sorgen. Das Streben nach überhöhten Zielen hat eine Reihe negativer Auswirkungen:

Die hohe Erwartung einer Mutter an sich selbst versetzt sie in Dauerstreß. Sie wirkt wie eine Peitsche, treibt sie gnadenlos an, hält sie Tag für Tag in Atem und läßt sie nicht zur Ruhe kommen. Mit aller Kraft versucht die Mutter, die bestmöglichen Voraussetzungen für die Entfaltung ihrer Kinder zu schaffen. Vor allem, wenn sie glaubt, daß sie allein verantwortlich für das Glück und den Erfolg des Kindes sei, legt sie sich eine fast unerträgliche Last auf die Schultern. Tief innen bohrt es unerbittlich: Eigentlich müßte ich es noch besser machen.

Überhöhte Ziele wirken wie Treibmittel für Schuldgefühle, denn sie erzeugen viele Mißerfolgserlebnisse und erschweren eine realistische Einschätzung der Lage. Auch kleine Fehler und Probleme, auffälliges Verhalten und schlechte Schulleistungen der Kinder werden als Niederlage gedeutet. Fehler werden nicht als normaler Bestandteil eines Familienlebens akzeptiert, aus denen man lernen kann, sondern als eigenes Versagen gewertet. Fällt ein Kind aus dem erwarteten Rahmen, stellt sich sofort quälend die Frage: Was hab ich denn bloß falsch gemacht?

Idealistische Vorstellungen verringern das Selbstwertgefühl. Immer wieder wird eine Mutter Niederlagen einstecken müssen und ihrem Unvermögen gegenüberstehen. Durch jeden neuen Mißerfolg wird die tiefe Gewißheit noch fester zementiert: Ich bin eben eine Versagerin.

Wir sollten deshalb unsere eigenen Ideale hinterfragen und wenn nötig durch realistische Vorstellungen ersetzen.

- Sind alle Mütter Naturtalente? Nein! Manchen liegt diese Aufgabe mehr, anderen weniger. Mütter sind ein Leben lang Lernende und holen sich auch einmal Rat, wenn sie nicht mehr weiter wissen.

- Kann man alle Bedürfnisse der Kinder stillen? Nein! Wir leben nicht im Paradies, und Kinder können an Schwierigkeiten wachsen.

- Soll man nur noch für die Kinder leben? Nein! Mütter und Kinder brauchen einen Freiraum zur persönlichen Entwicklung.

- Ist Erfolg machbar? Nein! Jedes Kind kann nur die Gaben entfalten, die ihm Gott mitgegeben hat.

- Haben Kinder ein Recht auf Glück? Nein! Glück kann zwar durch eine innere Lebenshaltung gefördert werden, ist aber letztlich ein Geschenk von Gott.

- Ist Mutterschaft ein einziger Genuß? Nein! Alle Beziehungen sind durchzogen von Freude und Leid, Spannungen und Zufriedenheit.
- Müssen Eltern perfekt sein? Nein! Durch Fehler werden auch sie klug. Und ihre Kinder lernen dabei, wie auch sie, in anderen Beziehungen, bestehen können.

Supermütter in der Bibel?

In der Bibel finden wir keine Mütter, die all diese Ideale vereinigen. Da begegnen wir Rebekka. Sie liebte Jakob mehr als seinen Bruder Esau und half ihm, das Erstgeburtsrecht durch Betrug zu erschleichen. Wie konnte sie so parteiisch sein?

Oder denken wir an Hanna, die ihren kleinen Samuel nach der Entwöhnung in die Stifthütte brachte und ihn der Obhut des Priesters Eli übergab. Der arme Junge, wie konnte sie ihr Kind einfach fremdbetreuen lassen?

Der Schreiber der Sprüche lobte eine Mutter, die wie die meisten Frauen jener Zeit im Erwerbsleben stand. Wie kam sie dazu, sich nicht ausschließlich um die Kinder zu kümmern?

Selbst Maria entsprach nicht einem Ideal. In der Bibel finden wir Hinweise, daß sie ihren besonderen Sohn Jesus nie richtig verstand.

Werden diese Frauen deswegen verurteilt? Nein, ihre Fehler werden nur beiläufig erwähnt und als normaler Bestandteil einer unvollkommenen Welt betrachtet. Mir ist keine Stelle bekannt, in der die Mutter für die Probleme der Kinder zur Rechenschaft gezogen wird. Aber eines zieht sich durch all diese Familiengeschichten in der Bibel: Gott selbst greift in die Schicksale ein und schenkt, daß die Kinder trotz ihrer unvollkommenen Mütter zu ganz besonderen Menschen heranwachsen.

Gute Mütter sind also keine Übermenschen, sondern normale Frauen mit ihren Möglichkeiten und Grenzen, Stärken und Schwächen. Sie bemühen sich, die Kinder zu verstehen, aber sie sind keine Hellseherinnen; sie erziehen nach bestem Wissen und Gewissen, aber sie sind keine fehlerlosen Profis; sie kümmern sich um ihren

Nachwuchs, aber sie sind nicht die einzige Bezugsperson; sie unterstützen die schulische Laufbahn, aber sie können den Erfolg nicht erzwingen; sie versuchen die Kinder glücklich zu machen, aber sie sind keine Glücksfee; sie opfern den Kindern viel Zeit, aber sie geben ihr Eigenleben nicht völlig auf. Frauen, die ihre Idealbilder ehrlich hinterfragen, sich realistisch einschätzen und zu ihren Fehlern stehen, werden befreit bemerken, daß ihre Schuldgefühle schwinden und die ganze Familie aufatmen kann.

3. Kapitel

Unheimliche Gefühle

»*Ich fühle mich wie eine reife Ähre*
auf einem dünnen Stiel,
die eine schwere Last tragen muß.
Der Wind peitscht mich hin und her.
Ich hoffe, daß er mir die schwere Last entreißt,
bevor sie mich ganz zu Boden drückt.«

Clarissa, 30 Jahre, Mutter[1]

Ich kenne die Frau nicht, die diese Zeilen einer Zeitschrift zugesandt hat. Aber ihre Worte haben mich berührt. Gibt es nicht in jedem Menschenleben trübe Stunden, in denen man diese Gedanken nur zu gut nachempfinden kann?

Die erste Zeit der Mutterschaft ist für viele Frauen eine Art Schock. Da hat man sich so auf das Kind gefreut, wollte es liebend umsorgen und ihm die bestmögliche Umgebung zur Entfaltung schaffen, und dann sah zu Hause alles anders aus. Die erwartete Freude, die innige Verbundenheit mit dem sehnlichst erwarteten Baby will sich nicht sofort einstellen. Auch wenn die Kinder größer werden, ist man nicht immer nur von liebevollen Gefühlen durchflutet. Nach außen hin bewahrt man die Fassade stolzer und glücklicher Mutterschaft, doch tief innen wird die Enttäuschung als wohlgehütetes Geheimnis verwahrt.

Niemand soll es wissen . . .

Eine junge Ärztin erzählt aus ihrer Praxis: »Als ich anfing, als Gynäkologin zu praktizieren, war ich selber Mutter von zwei Kindern und kannte das Muttersein aus eigener Erfahrung. Meistens fragte ich die neuentbundenen Frauen, wie sie daheim zurechtkämen. Wenn die Antwort ein glattes ›Sehr gut‹ war, sagte ich: ›Da haben

Sie wirklich Glück. Meine Kinder gehen mir ganz schön auf die Nerven.‹ Damit war im allgemeinen das Eis gebrochen, und wir konnten offener miteinander sprechen.«

Viele Mütter wagen nicht, über ihre Schwierigkeiten und Nöte mit den Kindern zu sprechen. Denise zum Beispiel machte den Eindruck einer Mutter, die alles im Griff hat, als ich sie zum erstenmal traf. Nachdem sie Vertrauen gefaßt hatte, wagte sie von ihren wahren Gefühlen zu sprechen: »Im Jahr nach der ersten Geburt wurde ich mit meiner dunklen Seite konfrontiert, wie ich das noch nie zuvor erlebt hatte. Durchwachte Nächte, ungeordnete Tagesabläufe, stundenlanges Schreien des Babys haben mich an den Rand meiner Kräfte gebracht. Statt der erwarteten Mutterliebe war ich mit Ablehnung und manchmal gar mit Haßgedanken gegen mein Kind erfüllt. Gerade weil ich lange nicht schwanger wurde, hatte ich mir so sehr ein Kind gewünscht und intensiv dafür gebetet. Und nun sah ich mich mit meiner Unfähigkeit konfrontiert, diesem Kind die geduldige, mitfühlende und ausgeglichene Mutter zu sein, die ich in den Ratgeberbüchern beschrieben fand. Ich verstand mich selbst nicht mehr und fürchtete mich, mein Versagen zuzugeben.« So zog sie sich zurück, versuchte ihre Schwächen zu verstecken und quälte sich mit Schuldgefühlen.

Nach einem Vortrag wünschte eine andere Mutter ein Gespräch unter vier Augen. »Ich wage es kaum, es Ihnen zu sagen«, begann sie zögernd. »Aber manchmal fürchte ich mich vor mir selber, weil ich meinen Zorn gegen meine Kinder kaum beherrschen kann. Wenn sie zum Beispiel schreiend in der Badewanne sitzen und lautstark gegen das Haarewaschen kämpfen, hätte ich sie oft schon am liebsten unter das Wasser gedrückt, damit sie Ruhe geben, oder heiß abgeduscht, damit sie wissen, warum sie schreien. Ich bin so dankbar, daß es nie dazu gekommen ist und ich noch einen Funken Kraft aufbrachte und mich zurückhalten konnte. Ich hätte nie geglaubt, daß es mit mir einmal soweit kommen könnte, denn eigentlich habe ich meine Kinder lieb. Ich schäme mich so sehr, denn dies paßt überhaupt nicht zu meiner Überzeugung als Christin.« Während des Gesprächs spürte ich förmlich ihre Erleichterung. Endlich konnte sie ihr dunkles Geheimnis mit jemandem teilen, der sie nicht verurteilte, sondern sie zu verstehen suchte. Diese Mutter entsprach in keiner Weise diesen kindesmißhandelnden Monstern aus der Boulevardzeitung, sondern war eine einfühlsame, nette Gesprächspartnerin. Wie so manche andere Mutter suchte sie das Beste für ihre Kinder und war enttäuscht über sich selber, wenn sie an ihre Grenzen stieß. Sie erschrak über die gefühlsmäßigen Abgründe, die sich unter dem Druck der ungewohnten Anforderungen der Kinderbetreuung öffneten.

Wenn eine Frau Mutter wird, verändert sich vieles in ihrem Leben. Sie freut sich auf die wundersamen Empfindungen der Mutterschaft – doch die Schattenseiten wagt niemand zu erwähnen.[2] Die Ankunft eines Kindes bringt unweigerlich nicht mehr rückgängig zu machende Veränderungen mit sich – im körperlichen, seelischen und zwischenmenschlichen Bereich. Mit ihnen wollen wir uns auf den folgenden Seiten auseinandersetzen.

Was ist nur los mit mir?

Kinder aller Altersstufen bringen die Gefühle ihrer Mütter zum Klingen.

Ruth Heil berichtet in ihrem Tagebuch beeindruckend ehrlich, in welches Wechselbad von Gefühlen sie durch die Schwangerschaft und Geburt ihres ersten Kindes getaucht wurde.[3]

»Erstaunt lausche ich nach innen. Etwas hat sich in mir bewegt. Es war in mir und doch nicht von mir. Eine unbändige Freude breitet sich in mir aus, ein nie vorher gekanntes Empfinden von Glück und Erfüllung. Ich darf Leben weitergeben!

. . . Oft fühle ich mich mißverstanden von meinem Mann, nicht ernstgenommen. Ich bin schnell beleidigt und nachtragend geworden, Züge an mir, die ich vorher nicht kannte.

. . . In fünf Tagen ist mein 22. Geburtstag. Ich komme mir alt vor und verbraucht. Dieses Gefühl habe ich früher nicht gekannt. Ich werde wohl lernen müssen, damit zu leben.

. . . Das erste Lächeln! Bewußt oder unbewußt? – Es kümmert mich nicht! Das ganze kleine Gesicht meines Kindes hat mich angestrahlt wie eine helle, warme Sonne. Diese Glückseligkeit entschädigt mich für viele durchwachte Nächte. Den ganzen Tag möchte ich singen.«

Viele junge Mütter leiden unter diesen aprilhaften Stimmungsumschwüngen. Sonnige Momente überschäumender Freude werden von Tränen verregnet, gemütliche Minuten werden abgelöst von Gewitterstürmen nur mühsam gebändigter Aggression. Warum bin ich so labil, fragt man sich besorgt. Bin ich dabei, verrückt zu werden?

Eine Gruppe von finnischen Wissenschaftlern untersuchte mütterliche Gefühle angesichts ihres weinenden Babys.[4] Die 281 befragten Mütter erlebten das Weinen ihres Säuglings unterschiedlich. Bei vielen weckte es ein Gefühl der Fürsorge, aber auch der Sorge. Jede fünfte Mutter fühlte sich jedoch im Umgang mit dem kleinen Erdenbürger überfordert und wünschte sich Hilfe. Bei ihnen löste das Geschrei ihres Kindes eher Gefühle der Irritation, der Angst und des Versagens aus.

Auch ältere Kinder bringen die Gefühle ihrer Mütter zum Klingen. Besonders Mütter von schwierigen Kindern (z.B. POS-Kindern) haben mit negativen Gefühlen zu kämpfen. Die Probleme beginnen oftmals schon in der Säuglingszeit. Hilflos steht die Mutter dem unablässigen Schreien des Babys gegenüber. Sie leidet unter seinen Schlafstörungen und kann es nicht zufriedenstellen. Paul H. Wender, ein Experte für hyperaktive Kinder, schreibt in einem Ratgeberbuch für Eltern: »Wenn es älter wird, bringen seine übermäßige Reizbarkeit, seine Impulsivität und die anderen Verhaltensprobleme zusätzliche Spannungen ins Familienleben. Nichts, was die Eltern unternehmen, scheint wirksam oder auf längere Sicht zu helfen.« Durch die vielen Mißerfolge und peinlichen Erlebnisse staut sich langsam ein Zorn an, den viele Eltern zuerst unterdrücken. Hin und wieder kommen diese negativen Emotionen aber zum Durchbruch. »Wenn den Eltern eines hyperkinetischen Kindes ihr Zorn zum Bewußtsein kommt, fühlen sie sich erst recht unzulänglich sowie unfähig und obendrein schuldig und deprimiert«, fährt Wender fort.[5]

Auch Mütter von Teenagern klagen über unverständliche Ge-

34

fühlsschwankungen. Oft werden sie vom unberechenbaren Verhalten des Jugendlichen aus dem Gleichgewicht gebracht. Dazu zehren all die Veränderungen der mittleren Lebensphase an ihrer Substanz: die Ablösung der Kinder, die Suche nach einer neuen Lebensgestaltung, hormonelle Veränderungen. »Oft fühle ich mich selbst wie ein Teenager, manchmal himmelhoch jauchzend und dann wieder zu Tode betrübt«, beschrieb eine 43jährige Frau ihren Zustand.

Sind negative Gefühle Sünde?

Wird man schuldig, wenn man nicht immer ausgeglichen und fröhlich ist? Schadet man den Kindern damit?

Gefühle sind ein Ausdruck unserer Befindlichkeit und nicht unbedingt mit falschen Handlungen verknüpft. Wie ein Barometer zeigen sie die Wetterlage in der Familie an. Da gibt es sonnige Aufhellungen, aber auch Gewitter und Sturm. Auch Jesus zeigte Gefühle: Freude, wenn er sah, wie jemand Gottes Wort aufnahm; Mitleid und Trauer, wenn er mit leidenden Menschen zusammentraf; Zorn, als er die lärmenden Händler aus dem Tempel vertrieb, aber auch Angst, als er im Garten Gethsemane auf die Häscher der Priester wartete. Regungen wie Zufriedenheit und innere Unruhe, Stolz und Zorn, Zuneigung und Ablehnung sind natürliche Bestandteile der elterlichen Gefühlswelt. Nicht alle negativen Gefühle sind auf Sünde zurückzuführen. Auf den nächsten Seiten werden wir sehen, daß sie auch mit den enormen Schwankungen des Hormonhaushaltes zusammenhängen können. Erst deutlich verletzende Gefühle und innere Haltungen wie Haß und Groll werden in der Bibel als Sünde bezeichnet und sollen bekannt und abgelegt werden.

Kinder wachsen an den positiven und negativen Gefühlsäußerungen ihrer Mutter. Eine amerikanische Studie, die die Folgen von mütterlichen Gefühlsausbrüchen untersuchte, kommt zu folgendem Schluß: »Mütter, die ihre negativen Emotionen erklärten, hatten Kinder, die beziehungsfähiger und sozialer waren.«[6] Die Kinder konnten an den Schwächen der Mütter lernen, denn diese wurden nicht vertuscht oder verdrängt, sondern gemeinsam verarbeitet. Sie merkten, daß man gute und schlechte Stunden haben und Fehler machen darf, daß man sich nicht perfekt verhalten muß. Wer sich nur die sonnigen Seiten einer Beziehung zugesteht, wird sich selber stark unter Druck setzen, und Schuldgefühle werden die Folge sein.

Stimmungsschwankungen durch körperliche Veränderungen

Der Körper der Frau wird durch Schwangerschaft, Geburt und Stillen stark beansprucht. Durch das zusätzliche Gewicht in der Schwangerschaft werden die Muskeln gedehnt. Hormonelle Veränderungen beeinflussen die Gefühlswelt. Das Aussehen verändert sich leider nicht unbedingt in Richtung auf das gängige Schönheitsideal. Häßliche Pickel, Übelkeit und Müdigkeit und der unförmige Körper können auf das Gemüt der werdenden Mutter drücken. Die Spuren der Schwangerschaft lassen sich meistens nach der Geburt nicht völlig verwischen. Schwangerschaftsstreifen, schlaffe Brüste, Rundungen am falschen Ort widerstehen hartnäckig den ausdauerndsten Gymnastikübungen. Jedes Kind nagt nicht nur an der Kraft der Mutter, es hinterläßt auch sichtbar und unauslöschbar seine Zeichen am mütterlichen Körper.

a) Die Auswirkungen der Stillzeit
Die Zeit des Stillens ist für viele Mütter sehr erfüllend. Sie genießen die Nähe zu ihrem Kind und das Gefühl, es rundherum versorgen zu können. Manche Frauen bezeichnen diese Zeit als die schönste und erfüllteste in ihrem Leben. Doch nicht immer geht alles reibungslos.

Stillen kann zum zermürbenden Alptraum werden, wenn die Milch nicht ausreicht oder der Säugling schreiend die Brust verweigert. So schnell erfaßt einen dann das Gefühl, nicht weiblich genug und als Mutter eine totale Versagerin zu sein: »Nicht einmal zum Ursprünglichsten und Normalsten bin ich fähig. Wie wird das wohl weitergehen?« Wenn einem dann Fachleute noch erklären, wie entscheidend das Stillen für die Persönlichkeitsentwicklung des Kindes sei, dann erklingt das traurige Lied der Selbstvorwürfe schon kurz nach der Geburt. Und wenn dann später Probleme auftreten, kennt man schon die Ursache. Hätte die Mutter mehr fürs Stillen gekämpft, wäre heute alles nicht so schlimm.

Auch wenn das Stillen problemlos verläuft, zehrt es am Körper der Frau. Der produziert schließlich Nahrung für zwei; das Baby saugt nicht nur die mütterliche Milch, es saugt auch an ihrer Kraft. So ist es nicht erstaunlich, daß Mütter bis zu zwei Jahre nach dem Abstillen brauchen, um sich wieder normal fit zu fühlen.[7] Wenn man mehreren Kindern das Leben schenkt, kann es Jahre dauern, bis man wieder zu seinen ursprünglichen Kräften findet.

b) Baby-Blues oder postnatale Depression

Fast noch einschneidender als die sichtbaren körperlichen Veränderungen wirken die Umstellungen im Hormonhaushalt auf die Seele der Frau. Bei rund 80 % aller Frauen tritt etwa drei Tage nach der Geburt der sogenannte »Baby-Blues« auf. Mit diesem Ausdruck bezeichnet man eine relativ harmlose kurzfristige Verstimmung, die sich als häufiges, plötzliches Weinen, Schlaflosigkeit, Reizbarkeit, Aggression oder auch als Gefühl der Ablehnung gegenüber dem Kind oder dem Ehepartner äußert. Heute herrscht allgemein die Überzeugung, daß der »Baby-Blues« die hormonelle und biochemische Reaktion des weiblichen Körpers auf den alles umwälzenden Prozeß der Geburt sei. So erklärt Katharina Dalton, eine führende Wissenschaftlerin auf dem Gebiet der postnatalen Depression, daß die hormonelle Aktivität während der Schwangerschaft extrem hoch sei, um den Fötus im Uterus zu halten und um seine Einbettung, seine Ernährung und sein Überleben zu sichern. Wenn die Wehen einsetzen, sind zum Beispiel die Progesteron- und Östrogenwerte im weiblichen Körper um das Fünfzigfache höher als vor der Schwangerschaft. Innerhalb von 24 bis 36 Stunden nach der Entbindung sinken diese Hormone auf das normale Maß ab. Dieses drastische Abfallen der Hormonwerte kann ähnlich auf uns wirken wie das Absetzen eines Beruhigungsmittels. Wenn man diesen natürlichen Vorgang nicht kennt und deshalb die unerwarteten Gefühlsschwankungen nicht einordnen kann, gesellen sich auch noch Angst und Schuldgefühle dazu. Man versteht sich selbst nicht, eigentlich hat man doch allen Grund zur Dankbarkeit, sollte strahlen vor Stolz und Mutterglück. Aber nein, man weint und ist völlig untröstlich.

Nun gibt es aber auch Mütter, bei denen die depressive Stimmung erst später einsetzt und länger andauert. Diese Form der postnatalen Depression tritt im allgemeinen schleichend in Erscheinung. Ihre Symptome können sich psychisch in Gefühlen von Traurigkeit, Energiemangel oder dem Eindruck von Sinnleere zeigen. Dann können auch eine Reihe von körperlichen Auffälligkeiten wie chronische Müdigkeit, verspätetes Einsetzen der Menstruation, Haarausfall, schwere Schlafstörungen und ein deutlicher Verlust des sexuellen Interesses dazukommen. Rund 10 % der Mütter leiden an einer leichten oder schwereren Form dieser Störung. Die gleichen Symptome findet man auch am Anfang der Kindbettpsychose, die aber in schwere Depressionszustände übergeht und nur eine von 3000 Frauen trifft.[8] Mütter, die an leichteren depressiven Verstimmungen leiden, wissen leider oft nicht, an wen sie sich wenden sollen. Der Kinderarzt kümmert sich um das Wohl des Babys, die Aufgabe des Geburtshelfers oder der Hebamme ist beendet, und der Frauenarzt hat keine Zeit für seelische Probleme. Man hat das Gefühl, es sei niemand da, an den man sich wenden könne.[9]

c) Der weibliche Zyklus

Daß Hormone Stimmungen und Verhaltensweisen beeinflussen, ist seit langem bekannt. Ein hoher Östrogenspiegel trägt zum seelischen Wohlbefinden bei. Beim Absinken dieser Werte, beispielsweise in der Menopause, kann es zu Verzweiflungszuständen und Depression kommen. Progesteron wirkt in hohen Dosen beruhigend und wird von Ärztinnen und Ärzten als Sedativum eingesetzt, um Angst- und Erregungszustände bei manischen Patienten zu dämpfen. Der hohe Stand der beiden Hormonwerte stabilisiert das Gefühlsleben der Hochschwangeren und bereitet sie innerlich auf die Geburt vor.

Wir Frauen sind an das Zu- und Abnehmen der Hormonwerte durch den monatlichen Zyklus gewöhnt. Unter dem Einfluß von Oestrogen fühlt man sich in der ersten Hälfte des Zyklus ausgeglichen, unabhängig, »nützlich«. Man erträgt kleine Irritationen leichter und hat idealistische Ziele für sich selbst und für seine Familie. Zur Zeit des Eisprungs erhöhen sich beide Hormonwerte und führen zu romantischen und sentimentalen Gefühlen gegenüber den Kindern, zu Toleranz anderen gegenüber, zu Freude an den verschiedenen Rollen als Mutter. Gegen Ende des menstruellen Zyklus fällt der Spiegel der beiden Hormone stark ab. Das seelische Hoch geht zu Ende. Kurz vor der Menstruation fühlen sich viele Frauen nervös und instabil, sind lärmempfindlich, melancholisch und gereizt.[10] Diese Gefühlsschwankungen werden also von den wechselnden Hormonwerten ausgelöst und sind nicht unbedingt Ausdruck falscher Lebenshaltungen oder Sünden. Sie sind einfach eine Folge von biochemischen Vorgängen. Sie überfallen uns ohne unser Zutun – und machen uns nicht schuldig.

Schon das Wissen um die körperlichen Ursachen von Stimmungsschwankungen kann befreiend sein. Statt daß man sich wegen dieser Stimmungswechsel Selbstvorwürfe macht, kann man sie als Folge von körperlichen Veränderungen einordnen. Mit der Zeit weiß man aus Erfahrung, daß wieder stabilere Zeiten kommen werden. Durch Selbstbeobachtung läßt sich leicht herausfinden, wann man seine turbulenten Tage hat. Die Familie darf dies ruhig wissen und kann die Mutter entsprechend entlasten. Oft ist es eine Erleichterung für alle, wenn sie sich für diese Zeit etwas mehr Ruhe verschreibt.

Meine Kraft ist in den Schwachen mächtig

Gerade christliche Mütter empfinden diesen instabilen Zustand als besonders schlimm. Sie wissen um die Kraft des Gebets, sehnen sich nach der Freude in Christus und können nicht verstehen, daß manchmal Traurigkeit oder Aggressionen nicht weichen wollen. So fühlen sie sich erst recht als Versagerinnen und zweifeln, ob sie wirklich »richtig glauben«.

Glücklicherweise begegnen wir in der Bibel nicht nur Glaubenshelden. In den Psalmen finden wir beeindruckend ehrliche Gebete von Menschen in schwierigen Situationen. Erstaunlich offen wird die Not beim Namen genannt, die Gefühle werden frei, ja dramatisch geäußert. Von Asaf ist ein Gebet überliefert, in dem er Gott sein Herz ausschüttete: »Trost von Menschen kann mir nicht helfen! Denke ich an Gott, so muß ich stöhnen. Komme ich ins Grübeln, so packt mich Verzweiflung. Ich bin verstört, kaum finde ich Worte. Ich denke nach über frühere Zeiten, ich erinnere mich an längst vergangene Jahre . . .«[11]

Gefühle werden in der Bibel nicht verdrängt, sondern dürfen frei vor Gott geäußert werden. Jesus liebt uns nicht nur, wenn es uns gut geht, sondern auch in Zeiten der Müdigkeit und Depression.

Auch unter den ersten Christen gab es starke und schwache Gläubige. Paulus ermahnte die Christen in Thessaloniki, »die Verzagten zu trösten, die Schwachen zu tragen und mit aller Geduld zu haben«.[12] Er wußte, wovon er sprach, wurde er doch selbst von einer schmerzhaften Krankheit geplagt. Dreimal flehte er zu Gott, er möge ihn von seinen schrecklichen Schmerzen erlösen. Aber sein Gebet wurde nicht erhört, und er lernte, mit seiner Schwachheit zu leben. Gerade dadurch erfuhr er Gottes Hilfe in besonderem Maße. Dieses tiefe Erleben faßte er in die eindrücklichen Worte: »Der Herr hat zu mir gesagt: ›Du brauchst nicht mehr als meine Gnade. Je schwächer du bist, desto stärker erweist sich an dir meine Macht.‹ Jetzt trage ich meine Schwäche gern . . . Denn gerade, wenn ich schwach bin, bin ich stark.«[13]

Vor Gott gelten wir nicht nur dann etwas, wenn wir etwas leisten und in bester Verfassung sind. Glaube erweist sich vor allem dort, wo man nicht weiter weiß und besonders auf Gottes Hilfe angewiesen ist. Letztlich ist es nicht unser eigener Glaube, der uns durch die dunklen Stunden trägt, sondern Gottes Liebe und Treue, die uns gerade dann nicht verläßt.

4. Kapitel

Veränderungen machen das Leben schwer

»Mutterschaft macht krank.« Dies kann man aus einer breitangelegten Studie schließen, in der Forscher der University of Washington die schädlichen Folgen von Streß untersuchten. Dabei entwickelten sie eine Punkteskala, mit der man streßauslösende Situationen des täglichen Lebens messen kann. Vom belastendsten Ereignis, dem Tod des Ehepartners (mit 100 Punkten bewertet), bis zu positiven Erlebnissen wie großem persönlichem Erfolg oder dem Gewinn einer großen Geldsumme, vom Streit mit dem Ehepartner bis zum Urlaubsstreß oder dem Ärger mit der Schwiegermutter wurde alles berücksichtigt. Das Resultat war ernüchternd: Menschen, auf die mehrere Streßfaktoren gleichzeitig einwirken, sind anfälliger für Krankheiten. In der untersuchten Gruppe waren bei 150–199 Streßpunkten 37 %, bei 200–299 schon 57 % und bei über 300 Punkten sogar 79 % der Probanden krank.[1]

Viele Mütter gehören in die Risikogruppe über der Gefahrenschwelle von 200 Punkten, denn sie sind vielen streßerzeugenden Veränderungen im körperlichen, seelischen und sozialen Bereich ausgesetzt. Die folgende Liste zeigt die Veränderungen, mit denen eine junge Mutter in vielen Fällen zurechtkommen muß:

Abb. 4.1: Veränderungen im Leben einer jungen Mutter

Veränderungen	Streßpunkte
Familienzuwachs	39
erhebliche Einkommensveränderungen	38
Spannungen in der Ehe	35
Anfang oder Ende der Berufstätigkeit der Ehefrau	26
Änderung persönlicher Gewohnheiten	24
Änderungen der Freizeitgewohnheiten	19
Änderung der gesellschaftlichen Gewohnheiten	18
Änderung der Schlafgewohnheiten	16
Änderung der Häufigkeit familiärer Kontakte	15
Summe	230

Nicht nur junge Mütter sammeln Streßpunkte. Auch für Frauen im mittleren Lebensalter steigt der »Streßpegel«. Die Ablösung der Kinder, der Wunsch, in den Beruf zurückzukehren, körperliche Veränderungen wie die Menopause und Zeichen des Alters können zu einer tiefen inneren Krise führen. Obwohl nicht jede Frau die einzelnen Veränderungen gleich intensiv erlebt, werden sie auch an sehr anpassungsfähigen Müttern nicht spurlos vorübergehen. Doch betrachten wir die einzelnen Veränderungen etwas genauer.

Rund um die Uhr

Die Ankunft des ersten Babys verändert das Leben eines Ehepaares auf einen Schlag. Die gleichförmige Routine, die geruhsame Zweisamkeit, der persönliche Freiraum – damit ist es jetzt vorbei. Statt dessen sind lange, durchwachte Nächte die Regel.

Barbara erlebte die Folgen von Schlafmangel sehr schmerzlich. Sie war zufrieden mit ihrem Leben als Hausfrau und freute sich gemeinsam mit ihrem Mann und der dreijährigen Tochter auf ihr zweites Kind. Alles verlief nach Wunsch. Probleme kannte sie nur von den Berichten ihrer Kolleginnen. Zuversichtlich wartete sie auf den Familienzuwachs. Doch schon im Krankenhaus merkte sie, daß ihr eines der berüchtigten »Schreibabies« anvertraut war. Nacht um Nacht wiegte sie abwechselnd mit ihrem Mann das weinende Kind in den Armen. »Plötzlich konnte ich nicht mehr«, erzählte sie ihrer Freundin. »Mein Bett drehte sich immer schneller, und ich begann zu zittern, meine Zähne klapperten immer stärker, und ich mußte weinen und weinen und konnte kaum mehr aufhören. Ich fühlte mich hilflos und ohnmächtig und wurde von einer riesigen Angst gepackt. Am meisten erschrak ich darüber, daß ich die Kontrolle über mich selber völlig verloren hatte.« Glücklicherweise nahm Barbara die Signale ihres Körpers ernst und suchte Hilfe. Es war nicht leicht für sie, einzugestehen, daß sie alleine nicht zurechtkam. Mit dem ersten Kind hatte es doch immer geklappt. »Warum bin ich plötzlich so schwach und auf fremde Hilfe angewiesen? Was mache ich nur falsch?« fragte sie sich ungeduldig.

Leider gibt es keine größere Studie über die Auswirkungen von Schlafmangel und unterbrochenem Schlafzyklus bei Müttern von Kleinkindern, obschon beides doch häufig erlebt wird. Aber es ist hinreichend bekannt, daß sich die Unterbrechung des Schlafs störend auf die Tiefschlafzyklen und damit auch auf unsere Traumaktivität auswirkt. Träume helfen uns aber, die Ereignisse des vergangenen Tages zu verarbeiten, Informationen zu speichern, die Nerven zu beruhigen und ganz allgemein zu regenerieren. Der Mensch ist auf einen 24stündigen rhythmischen Tagesablauf eingestellt. Für unser psychisches Wohlbefinden sollten sich Phasen von Hell und Dunkel, Wachen und Schlafen, Handeln und Entspannen möglichst regelmäßig ablösen. Die rhythmische Wiederkehr hat eine wichtige Integrationsfunktion: Sie bringt die seelischen, biologischen und verhaltensbestimmenden Prozesse miteinander in Einklang. Für kurze Zeit kann man unterbrochene Schlafzeiten vielleicht ohne Folgen verkraften. Wenn aber, wie das viele Mütter erleben, über Wochen und Monate kein ungestörter Schlaf möglich ist, ergeben sich fast unausweichlich körperliche und seelische Probleme. Zur dauernden Müdigkeit oder Erschöpfung kommen Veränderungen der Gefühle. Man fühlt sich ausgelaugt, aggressiv oder schuldig und fragt sich verzagt, ob man wohl je wieder zu jener normalen stabilen Gemütslage zurückfinden wird, die früher einmal selbstverständlich war.

Mutter oder Geliebte?

Die Ehebeziehung ist nach der Geburt vielen Änderungen unterworfen. Solange man kinderlos war, versorgte man gemeinsam den kleinen Haushalt. Als gute Fee verwandelte die Frau den Haushalt in ein Heim, wo man sich wohlfühlen konnte. Ihm gefiel das Gefühl, für seine Frau Nummer eins zu sein, und beide genossen miteinander die Freiheiten der Jugend und des doppelten Einkommens.

In diese Idylle bricht das Baby ein und fordert die Eltern und vor allem die Mutter Tag und Nacht. Vielleicht schläft es im Elternzimmer oder gar im Ehebett, damit die Mutter es jederzeit bequem stillen kann. Kein Wunder, daß der Mann sich vernachlässigt fühlt und leise sich die Eifersucht regt, wenn das kleine Wesen die ganze Zärtlichkeit und Kraft seiner Frau verbraucht.

Auch die sexuelle Beziehung leidet unter der Ankunft eines Kindes. In der dumpfen Müdigkeit nach der Geburt fragt man sich, ob die erotische Beziehung je wieder so aufregend und zärtlich werden kann, wie man sie in der Zeit der ersten Verliebtheit erlebte. In der Eltern-Kind-Literatur findet Sex nach der Geburt kaum Erwähnung. Dort wird im allgemeinen beruhigend bemerkt, daß nach ein paar Wochen alles wieder normal verlaufen würde. Eine Studie der bekannten Sexualforscher Masters und Johnson zeigt jedoch, daß auch drei Monate nach der Geburt das sexuelle Verlangen gering sein kann.

»Die Frauen kommen schwerer zum Orgasmus aufgrund von Erschöpfung und Verspannung, empfindlichen Brüsten, Schmerzen nach dem Dammschnitt, Erholungsbedürftigkeit nach einem Kaiserschnitt oder aus Angst, die sexuellen Organe könnten sich verändert haben, die vaginalen Muskeln könnten entweder zu fest oder zu locker geworden sein.«[2]

Auch später können Kinder das sexuelle Leben der Eltern stören. Da liegt man entspannt im Bett und genießt die gegenseitige Zärtlichkeit. Plötzlich pocht es leise an die Tür, und die Tochter wünscht Zuwendung, weil sie nicht einschlafen kann. Husch, ist die Romantik vorbei.

Manchmal sind die Spannungen im Zusammenleben mit Teenagern so groß, daß zärtliche Regungen in der Frau gar nicht erst aufkommen. Der heftige Wortwechsel beherrscht noch die Gedanken, die Probleme legen sich schwer auf den Magen, und man ist froh, wenn man wenigstens im Bett seine Ruhe hat.

Für manche Frau ist es nicht einfach, wenn sie die Bedürfnisse ihres Mannes nach Intimität nicht befriedigen kann. Sie quält sich mit Schuld- und Versagensgefühlen, weil sie ihm das Eine nicht geben kann oder will.

Ihr Mann fühlt sich abgelehnt oder reagiert mit Unverständnis, Bitterkeit und Ärger.

Wenn man sich dann noch gut gemeinter Ratgeberliteratur aussetzt, wird man erst recht mit seinen Unzulänglichkeiten konfrontiert. In ihrem Bestseller *Die totale Frau* rät Marabel Morgan: »Sorgen Sie am Morgen für die richtige Stimmung. Seien Sie liebevoll. Bieten Sie ihm einen angenehmen Anblick. Reden Sie mit ihm. Begleiten Sie ihren Ehemann jeden Morgen zum Auto, und winken Sie ihm nach . . . Überraschen Sie ihn an der Tür mit Ihrer Garderobe. Etwas Frecheres als üblich wird ihn freuen. Abwechslung ist die Würze der Liebe. Seien sie jeden Abend dieser Woche innerlich und äußerlich für ein intimes Zusammensein bereit. Seien Sie mehr Verführerin als Verführte.«[3] Solche Worte klingen für so manche Mutter wie ein Hohn und vervielfachen die Schuldgefühle. Da ist man froh, wenn man jeden Tag das Nötigste schafft, hofft, daß der Ehemann nach seinen Möglichkeiten mithilft, und muß sich noch sagen lassen, daß man auch für die Wünsche des Partners allzeit bereit sein müsse.

Mit der Aufgabe der Elternschaft wird auch das oft empfindliche Gleichgewicht in der Paarbeziehung gestört. In vielen modernen Ehen, die auf dem ungeschriebenen Gesetz von Gleichheit und gerechter Arbeitsteilung gegründet worden sind, fallen die Partner in die traditionelle Rollenverteilung zurück. Vorbei sind die idealistischen Vorstellungen von Teilzeitbeschäftigung für beide Partner und gemeinsamer Sorge für das Kind. Die Realität der Arbeitswelt fordert den ganzen Einsatz des Arbeitnehmers, und die Mutter bleibt allein daheim. Ihr Leben hat sich radikal verändert, während seines gleich geblieben ist. Er scheint alle bisherigen Freiheiten weiter genießen zu können, während sie sich wie Aschenputtel um all die Kleinigkeiten des Haushalts kümmert. Er verdient sauer das Einkommen für die Familie, und sie ist von seiner Großzügigkeit abhängig. Auch wenn Geld nicht das Wichtigste auf dieser Welt ist, wird die Höhe des Einkommens leider oft als Maßstab für den Wert einer Person verwendet. Mutterschaft und Hausfrauenarbeit sind für die Frau heute mit einem Prestigeverlust verbunden. Sie verliert ihre gleichberechtigte Stellung, ihren selbst erarbeiteten Verdienst, die Bestätigung im Beruf, und sie muß ihre neue Identität erst noch finden. Vor allem gutausgebildeten Frauen fällt dieser Wechsel nicht leicht.

Kinder verändern das Leben ihrer Eltern nachhaltig – positiv und negativ. Fachleute sind der Meinung, daß sich viele Paare mit Kleinkindern nur deshalb scheiden lassen, weil sie mit den überwältigenden Veränderungen nicht mehr fertigwerden.[4] Für andere ist es der Beginn des Auseinanderdriftens. Die Mutter verbündet sich immer stärker mit den Kindern, und diese ersetzen ihr die Liebe des Ehemannes. Wenn die Kinder dann das Elternhaus verlassen, erkennt man vielleicht zu spät, wie inhaltslos die Ehe geworden ist.

Was machst du nur den ganzen Tag?

Wohl keine andere Frage kann eine Mutter mehr in Rage bringen als diese. Da ist man Tag und Nacht präsent, wäscht und putzt, räumt auf und kocht, ermutigt und ermahnt, hört zu und diskutiert und kommt doch auf keinen grünen Zweig. Die Arbeit eines ganzen Tages wird durch den Bewegungsdrang der Kleinen im Nu zerstört oder durch eine hitzige Diskussion am Abend ausgelöscht. Zuletzt fragt man sich selbst, was man eigentlich geleistet hat. Wenn sich dann der Ehepartner ausgelaugt und ruhebedürftig dazugesellt, ist das Chaos perfekt.

Wissenschaftler haben herausgefunden, daß viele Mütter an den gleichen Symptomen leiden wie Menschen in helfenden Berufen, wie z.B. Krankenschwestern, Lehrerinnen und Lehrer, Ärztinnen und Ärzte oder Sozialarbeiterinnen und Sozialarbeiter. Hoher Idealismus, keine meßbaren Erfolge, wenig Bestätigung, keine Unterstützung bei wichtigen Entscheidungen, Überbeanspruchung und Desillusionierung können bei Müttern und Helfern zum »Burnout« führen[5], zum Gefühl, am Ende aller Kräfte und Möglichkeiten zu sein.

Die Anforderungen an die moderne Mutter sind hoch. Nicht nur die Frauen haben sich emanzipiert, nein auch die Kinder fordern ihre Rechte; die heutige Kindheit will fachmännisch inszeniert sein.[6] Die Kinder spielen nicht mehr ganze Nachmittage auf der Straße oder streifen durch den Wald, während die Mutter zu Hause die Wäsche plättet. Heute ist sie Partnerin, die geduldig alles ausdiskutiert, Therapeutin, die feinfühlig auf das empfindliche Seelenleben des Töchterchens eingeht, Spielgefährtin, die es zu kreativem Spiel animiert, Lehrerin, die mit ihm ausdauernd Vokabeln paukt, Chauffeuse, die es zu seinen vielfältigen Freizeitaktivitäten fährt. Im hektischen Ablauf des Familienlebens bleibt kaum Zeit für einen Besuch beim Friseur oder einen gemütlichen Bummel durch die Innenstadt. Das Bücherlesen verschiebt man auf die Ferien. Besonders in besseren Wohngegenden stehen Familien in einem regelrechten Wettkampf, wessen Kinder am meisten gefördert werden. Wenn man den Kindern einmal nichts »serviert« und seinen eigenen Hobbies frönt, schlägt schon das schlechte Gewissen. Wie werden meine Kinder das verkraften?[7]

Die Hausarbeit besteht aus einer endlosen Abfolge von immer gleichen Arbeiten. Kaum hat man geputzt, stürmen die Kinder mit schmutzigen Schuhen über den gerade gewischten Boden. Niemand schaut zu bei der Beaufsichtigung der Fingerübungen am Klavier. Niemand lobt das geduldige Wiederholen des Einmaleins mit dem widerspenstigen Kind. Niemand findet es erstaunlich, wenn die Kinder pünktlich in der Schule erscheinen. Das ist ja alles selbstverständlich.

Der mütterliche Einsatz ist oftmals nicht von besonderem Erfolg gekrönt. Nur wenige Familien haben einen kleinen Einstein, Mozart oder Schwarzenegger in ihren Reihen. Wenn dann der Sprößling nur die Hauptschule besucht und das Gymnasium jenseits aller Träume liegt, steigt schon die Frage nach dem Warum auf. Die Mutter hätte die Aufgaben besser überwachen sollen, dann wäre es vielleicht noch zu schaffen gewesen. Oder war sie zuviel von zu Hause weg?[8]

Die Erziehungsarbeit der Mütter wird heute kaum öffentlich gewürdigt. Im Gegenteil, gerade durch die Frauenbewegung wird die Arbeit außerhalb des Hauses einseitig betont und die Erziehungsarbeit dadurch abgewertet. Diese Wertung drückt auf das Selbstwertgefühl der Mütter. Zuletzt glaubt man schließlich selbst, daß man zu nichts nütze sei. Menschen, die sich selber nicht annehmen und sich nichts zutrauen, sind aber besonders anfällig für Schuldgefühle.

Vom Kind zum Partner

Das Wachstum der Kinder bringt viele Veränderungen mit sich. Die Kinder werden selbständig, brauchen nicht mehr so viel Aufsicht, planen ihren Tag selber. Mit Freude bemerkt man, wie sie immer differenzierter denken, sich auch in die Position der Eltern einfühlen können und schließlich von abhängigen Kindern zu ebenbürtigen Freunden werden.

Die Ablösung von den Kindern verläuft jedoch nicht immer reibungslos und ist oft ein nervenaufreibender und kräfteraubender Prozeß. Auf dem Weg zur Partnerschaft stolpert man über Unsicherheiten, Spannungen, Aggressionen. Zu einer gesunden Ablösung gehört oft eine Phase der inneren Abkehr von den Eltern. Ihre Meinung, ihre Werte und Überzeugungen werden gnadenlos hinterfragt. Verurteilt. Abgelehnt. Die Sonntage mit gemeinsamem Kirchenbesuch sind vielleicht für einige Zeit vorbei, das Teilnehmen am Tag der Offenen Tür in der Schule wird strengstens untersagt. Man müßte sich ja für die »Grufti-Eltern« vor den anderen schämen. Diese Abkehr, die glücklicherweise oft nach wenigen Jahren vorbei ist, schmerzt. Man kann es kaum verkraften, daß aus dem heimwehkranken Mädchen, das kaum eine Woche in den Ferien ausharrte, eine selbstbewußte junge Frau geworden ist, die plötzlich alles Schöne vergessen zu haben scheint und nur noch auf den Fehlern der Mutter herumreitet. Der Junge, der früher wegen jeder kleinen Schramme weinend in Mamas Arme lief, schweigt nun beharrlich, wenn man auch nur das Bruchstück einer Information aus ihm herausbekommen möchte. Dieser Wechsel tut weh. Plötzlich ist man nicht mehr der unentbehrliche Mittelpunkt des Familienlebens, sondern bestenfalls gut für die Serviceleistungen in Haus und Küche.

Und dann wird es plötzlich still im Haus

Das Leben einer Mutter verläuft nicht in einer geraden Linie. Immer wieder muß sie sich an Neues gewöhnen. Kaum hat sie sich glücklich an ihre Mutterpflichten gewöhnt, fliegen die Kinder schon wieder aus. Das Loslassen der Kinder ist mindestens so schwierig wie die erste Zeit nach der Geburt. Da hat man alles in die Kinder investiert, hat auf manches verzichtet und das Leben nach ihnen ausgerichtet, und plötzlich sind sie weg. Man ist arbeitslos geworden. In Gedanken begleitet man sie Tag für Tag. Man sorgt und freut sich mit ihnen und bleibt bis zum letzten Atemzug ihre Mutter. Aber das Leben ist eintönig geworden, das Haus gespenstisch leer, der Haushalt beängstigend ordentlich. Wehmütig blättert man durch die bunten Fotoalben, erinnert sich an die frohen Spielabende in den Ferien, die Streiche der Kinder, die man erst jetzt lustig findet. Was war das für ein Leben!

Vor allem für Vollzeit-Mütter ist der Abschied von den Kindern nicht leicht. Man muß wieder neu beginnen. Voller Hoffnung versucht man es mit einem Wiedereinstieg ins Berufsleben und muß ernüchtert feststellen, daß »ältere« Frauen, d.h. über Vierzigjährige, von der Wirtschaft nicht mit offenen Armen empfangen werden. Hilfe kann man von außen nicht erwarten. Im Gegenteil: Lakonisch heißt es dann, man sei selber schuld, man hätte sich eben beständig weiterbilden und nicht völlig aussteigen sollen. »Ich bin mir selbst abhanden gekommen«, beschreibt eine 50jährige Mutter dieses fade Gefühl.

Veränderungen sind Chancen zum Wachstum

All diese Veränderungen erlebt fast jede Frau. Doch die Reaktionen darauf sind sehr unterschiedlich. Manche Mütter sehen sie als Herausforderung, an denen sie ihre Kräfte messen können, andere fühlen sich überrollt, überfordert und enttäuscht. Letztlich sind es nicht nur die Veränderungen, die unser Leben beeinflussen, sondern die Art, wie wir sie verarbeiten. Unsere Gefühle hängen nicht nur von den auslösenden Ereignissen, in unserem Fall den Veränderungen durch die Mutterschaft, ab, sondern davon, wie wir sie bewerten. Auch Schuldgefühle sind von meiner Einstellung gegenüber schwierigen Umständen abhängig. Wenn ich mir keine Schwäche zugestehe, wenn Perfektion mein großes Ziel ist, wenn ich es allen recht machen möchte, sind Schuldgefühle und Selbstvorwürfe die unausweichliche Folge. Die nachfolgende Abbildung verdeutlicht diesen Zusammenhang.

Abb. 4.2: Veränderungen und Gefühle

Veränderungen	Bewertung	Gefühle
körperliche Veränderungen	das darf mir nicht passieren	Angst
veränderte Gefühlswelt	ich darf keine Schwäche zeigen	Versagensgefühl
veränderter Lebensinhalt	die anderen sind schuld	Aggressionen
veränderte Ehebeziehungen	ich muss es allen recht machen	Schuldgefühle
veränderter Lebensrhythmus	aus Fehlern kann ich lernen	Gelassenheit
veränderter Lebenslauf	Probleme können gelöst werden	Mut
veränderte Erziehungsideale	Gott kann mir helfen	Zuversicht

Wie bewerten Sie die Veränderungen in Ihrem Leben? Wie Sie sehen, können sie ganz unterschiedliche Gefühle hervorbringen. Veränderungen lassen sich meistens nicht verhindern. Aber man kann sich auf sie vorbereiten. Drei Merksätze können Ihnen vielleicht eine Hilfe sein.

1. Veränderungen sind normal

Wenn man in einer schwierigen Situation steckt, hat man oft das Gefühl, man sei die einzige, die das erlebt. Viele der beschriebenen Veränderungen erleben aber die meisten Frauen. Es tut gut, wenn man offen darüber reden kann. Veränderungen gehören zum Leben. Die einen sind voraussehbar, und man kann sich innerlich auf sie vorbereiten. Andere überfallen einen plötzlich, ohne jede Vorwarnung. Wenn man über die kommenden Veränderungen informiert ist und weiß, daß sie zu jedem Frauenleben gehören, wird man anders fühlen, als wenn man meint, man sei die einzige, die von ihnen betroffen ist. Sie wirken weniger bedrohlich, man fühlt sich weniger als Versagerin, wenn man sie als Teil des Lebensschicksals einordnen kann.

2. Veränderungen brauchen Kraft

Alles Neue in unserem Leben zehrt an den Kräften, erfordert Anpassung und Gedankenarbeit. Neue Lebensabschnitte erreichen, heißt Abschied nehmen und loslassen von Geliebtem und Gewohntem. Es hat nichts mit Schuld oder Versagen zu tun, wenn man in einer Zeit des Umbruches müde, gereizt und abgeschlagen ist. Man spürt nur die normalen Folgen der seelischen Verarbeitung von ungewohnten Erfahrungen. Es ist kein Zeichen der Schwachheit, wenn man sich mehr Ruhe gönnt, mehr schläft oder auch einmal Zuflucht bei Beruhigungstee oder Stärkungstropfen sucht. Geben Sie sich Zeit für die Verarbeitung von Veränderungen.

3. Veränderungen machen mich abhängig von Gott

Veränderungen sind eine Chance zum Wachstum, zum Kennenlernen der eigenen Möglichkeiten und Schwächen, zum Einüben des Vertrauens auf Gott. Edelsteine entfalten ihren strahlenden Zauber erst, wenn sie fein und exakt geschliffen werden. Veränderungen geben unserem Leben oftmals den entscheidenden Schliff. Erst in Schwierigkeiten merken wir, was wirklich in uns steckt. Erst wenn wir schwach sind, entdecken wir, wie stark uns Gottes Liebe trägt.

Paulus mußte viele Veränderungen in seinem Leben verkraften. Er faßte seine Erfahrungen in die eindrücklichen Worte: »Ich habe gelernt, mich in jede Lage zu fügen. Ich kann leben wie ein Bettler und auch wie ein König; mit allem bin ich vertraut. Ich kenne Sattsein und Hungern, ich kenne Mangel und Überfluß. Allem bin ich gewachsen, weil Christus mich stark macht.«[9] Glücklicherweise werden wir nicht in dem Maße gefordert wie Paulus. Aber auch wir kennen Zeiten, in denen wir uns als Königinnen in unserem kleinen Reich fühlen und um nichts in der Welt tauschen möchten. Dann gibt es Momente, da sind wir ernüchtert, ausgebrannt, leer und fühlen uns wie Bettler. Was immer auch kommen mag – wir sind nie allein. Gott ist auch heute noch der gleiche, und mit seiner Hilfe sind wir allem, was auf uns zukommt, gewachsen.

Teil II

Mütter sind nicht immer schuld!

5. Kapitel

Mutterliebe im Wandel der Zeit

Alles auf dieser Welt vergeht,
nur die Mutterliebe ewig besteht.

Liebevoll gestickt und mit bunten Ranken verziert, hing dieser Spruch an der Wand einer gemütlichen Almhütte. Die Sennerin verkörperte selbst das Bild ewiger Mütterlichkeit. Bereitwillig verwöhnte sie uns mit einem großzügigen zweiten Frühstück, während wir uns gemütlich auf der Eckbank von den Strapazen einer frühen Bergtour erholten.

Durch alle Zeitalter hindurch empfanden es Frauen als natürlichen Wunsch, einmal für Kinder zu sorgen. Bis vor wenigen Jahrzehnten war der Kinderwunsch kein Thema, sondern eine Selbstverständlichkeit, die natürlichste Sache der Welt. Frau sein hieß auch Mutter werden. Mutterschaft bedeutete die »Erfüllung des weiblichen Wesens«. Ohne Kinder waren die Frauen ein Nichts, führten ein Schattendasein oder wurden gar verstoßen. Der vorgezeichnete Weg hieß Schwangerschaft, Geburt, Aufziehen der Kinder. Der füllige Leib war ein Zeichen von Fruchtbarkeit und mußte nicht durch Diätkuren und gestylte Kleider versteckt werden. Die Sorge für Kinder, Haus und Hof war der Lebensinhalt für unzählige Generationen von Frauen und sicherte ihre Stellung im Familienverband.

Über alle Jahrhunderte hinweg liebten Mütter ihre Kinder. Aber sie drückten ihre Liebe unterschiedlich aus.

Mütter in der Bibel

In der Bibel begegnen wir vielen Frauen, die am Kinderwunsch beinahe verzweifelten. Sarah wartete jahrzehntelang auf den verheißenen Sohn. Als betagte Frau konnte sie nur verbittert auflachen, als ihr der Gesandte Gottes ein Kind verhieß.

Rahel mußte hilflos zusehen, wie ihre Schwester und Rivalin einem Kind nach dem anderen das Leben schenkte. Verzweifelt bedrängte sie Jakob, ihren Ehemann: »Schaffe mir Kinder, oder ich sterbe!«[1] Jakob antwortete ihr kurz und knapp, was so mancher Arzt heute psychologisch geschickt verpackt einer Patientin sagen muß: »Kann denn ich etwas dafür? Ich bin doch nicht Gott, der dich keine Kinder bekommen läßt.«

Kinder waren in der Zeit vor der Entwicklung des Sozialstaates zum Überleben einer Familie unbedingt notwendig. So besingt der Psalmist die segensreichen Folgen von zahlreichen Nachkommen. »Kinder sind ein Geschenk des Herrn, mit ihnen belohnt er unsere Treue. Kräftige Söhne sind für den Vater wie Pfeile in der Hand eines Kriegers. Wer seinen Köcher mit solchen Pfeilen gefüllt hat, der hat das Glück auf seiner Seite. Sie werden dafür sorgen, daß er sein Recht bekommt, wenn er von seinen Feinden angeklagt wird.«[2]

Kinder waren damals ganz anders gefordert als heute. Nicht das individuelle Glück des einzelnen stand im Vordergrund, sondern das Einordnen in den Familienverbund und die Übernahme von Arbeiten zur Versorgung aller. Als Arbeitskraft sorgten Kinder mit für die Beschaffung des täglichen Brotes, halfen auf dem Feld oder im elterlichen Handwerksbetrieb und versorgten später die alternden Eltern. Sie sicherten das Weiterbestehen der Sippe und bewahrten die Familie vor dem Aussterben.

Im Altertum verbrachten sie nicht den größeren Teil ihrer Kindheit in der Schule. Was sie fürs Leben brauchten, lernten sie zu Hause von den Eltern und Verwandten. Die Väter glänzten nicht wie heute durch Abwesenheit. Schulter an Schulter arbeiteten sie zusammen mit den Söhnen auf dem Feld, im Stall und auf dem Markt. Die Verantwortung für das Verhalten ihrer Kinder lag bei ihnen. Wenn Probleme auftauchten, wurden nicht die Mütter sondern die Väter zur Rechenschaft gezogen.

Die Mutter sorgte sich um die Erziehung der Mädchen und lehrte sie spinnen und weben, kochen und Vorräte anlegen. Wie ihre heutigen Geschlechtsgenossinnen erlebte sie durch Schwangerschaft, Geburt und Stillen eine besonders innige Beziehung zu den Kindern. Schon der Prophet Jesaja verglich Gottes Liebe mit der Mutterliebe:

»Bringt es eine Mutter fertig, ihren Säugling zu vergessen? Hat sie nicht Mitleid mit dem Kind, das sie geboren hat? Und selbst wenn sie es vergessen könnte, ich vergesse euch nicht.«[3]

Ein ganz besonderes Gewicht wurde der religiösen Erziehung beigemessen. Im jüdischen Glaubensbekenntnis wird Tag für Tag wiederholt, daß die Eltern den Kindern ohne Unterlaß das Gesetz Gottes lieb machen sollen. Die Kinder wurden ermutigt, Fragen zu stellen, und diese wurden bei den Sabbatfeiern ausführlich im Familienkreis diskutiert.

Liebe hieß damals auch Strenge. »Wer seinem Sohn keine Schläge geben will, liebt ihn nicht. Wer seinen Sohn liebt, fängt früh an, ihn mit Strenge zu erziehen«[4], lautete eine alte Volksweisheit. Das bedeutete aber nicht, daß den Eltern Tür und Tor zur Mißhandlung ihrer Kinder offenstanden. Paulus schränkte die Macht der Eltern ein, indem er vor allem die Väter anwies: ». . . behandelt eure Kinder nicht so, daß sie widerspenstig werden.«[5]

Eltern wurden damals nicht schuldig gesprochen, wenn sie ihre Kinder mit zu wenig emotionaler Wärme versorgten, sondern wenn sie es unterließen, sie in Gottes Gesetz zu unterweisen, wenn sie sie mangelhaft in praktische Fähigkeiten einführten oder wenn sie ihnen mit zu wenig Strenge begegneten.

Die Verantwortung für den Erfolg der Kinder lastete nicht allein auf den Schultern der Eltern. Die Kinder wurden zu eigenen Entscheidungen aufgerufen. »Mein Sohn, höre auf deine Eltern und folge ihrem Rat. Das schmückt dich wie ein prächtiger Kranz auf dem Kopf oder eine Halskette. Laß dich nicht von gewissenlosen Menschen verführen«, mahnt eine alte jüdische Weisheit.[6] Kinder dürfen demnach nicht alle Probleme auf die Erziehungsfehler ihrer Eltern abschieben. Im Gegenteil: Eigenverantwortlichkeit ziert sie wie ein kostbares Schmuckstück.

Im Gegensatz zu vielen heidnischen Religionen wurden die Kinder durch das Gesetz geschützt und durften nicht den Göttern als Opfer dargebracht werden. Nicht immer folgte das Volk Israel den Geboten seines Gottes. Immer wieder wurde es durch Propheten zur Umkehr aufgerufen. So ermahnte Hesekiel seine Landsleute: »Jerusalem, du Hure! Höre, was ich, der Herr, dir sage: Weil du dich vor deinen Liebhabern und vor deinen ekelhaften Götzenbildern nackt ausgezogen und ihnen deine Kinder geopfert hast, rechne ich mit dir ab.«

Die Autoren der Bibel nahmen kein Blatt vor den Mund, wenn sie über die Beziehungen in der Familie sprachen. Auch damals gab es Musterfamilien, die zusammenhielten, sich unterstützten und Gott fürchteten. Aber da gab es auch gewöhnliche Familien mit Geschwisterstreitigkeiten, Ehekrisen, Haß und Eifersucht. Die Mütter versuchten auch in biblischen Zeiten ihr Bestes zu geben – und waren nicht immer mit Erfolg verwöhnt. Sie durften damals, so wie wir heute, mit Gottes Vergebung rechnen.

Die Macht der Väter

Die Familienform des Altertums blieb lange erhalten. Über Jahrhunderte führten die Männer beinahe unangefochten ihre Familien. Frauen und Kinder lebten in einer eigenen Welt und waren meist vom gesellschaftlichen Leben ausgeschlossen. Die Kinder genossen oft nicht den Schutz von Gottes Geboten, die alles menschliche Leben umfassen. Noch im 12. Jahrhundert konnte in Südfrankreich ein Vater sein Kind ohne Angst vor einer Strafe töten oder aussetzen (Römisches Recht). Meistens wurden die Säuglinge nicht aus bösem Willen ihrem Schicksal überlassen. Die elenden Lebensbedingungen ließen die Aussetzung als einzigen Ausweg erscheinen. Doch nach und nach wurde die absolute Macht der Väter durch die Institutionen des Staates und der Kirchen eingeschränkt. Vom 13. Jahrhundert an verurteilte die Kirche ausdrücklich die Aussetzung von Kindern, die Abtreibung und die Kindstötung. Angesichts der drückenden Armut wurde die Aussetzung jedoch weiter toleriert, um die Zahl der Kindstötungen einzuschränken. Erst im 17. Jahrhundert wurden Heime für Findelkinder geschaffen, die das Leben vieler Kinder retteten.

Die Zustände sind über die Jahrhunderte nicht viel menschlicher geworden. Obwohl heute in Westeuropa niemand verhungern muß, werden mehr Kinder im Mutterleib getötet als je zuvor. Nicht mehr die Väter entscheiden allein über Leben und Tod, sondern die Mütter haben sich das »Recht auf ihren Bauch« erobert.

An der Rolle der Väter in der Familie änderte sich lange Zeit nicht viel. Das väterliche Züchtigungsrecht oder gar die Züchtigungspflicht blieben bis in unser Jahrhundert unstrittig. Der Staat unterstützte die Eltern bei dieser Art der Kindererziehung. In einem Erlaß aus dem Jahre 1763 gewährte Louis XIV. den Eltern das Recht, ihre Kinder, »welche die Ehre und Ruhe ihrer Familien gefährden«, auf eine Insel deportieren zu lassen. Dort wurden die ungeratenen Kinder einer strengen Aufsicht unterworfen, schlecht ernährt und zu harter Arbeit angetrieben. Erst nach jahrelanger Haftstrafe konnten sie bei guter Führung ein Stück Land auf der Insel erwerben oder, falls ihre Familie es wünschte, nach Frankreich zurückkehren. Während dieser Epoche galt Gehorsam als die oberste Pflicht. Für andere Gefühle blieb kaum Platz. Liebe und Fürsorge, wie sie heute als selbstverständlich gefordert werden, wurden kaum oder beinahe schamhaft erwähnt. In der Literatur dieser Zeit ist auch nichts von elterlichen Schuldgefühlen zu finden.[7]

Mütter ohne Schuldgefühle

Welche Aufgaben eine Mutter hat, was von ihr erwartet und gefordert wird, das hat sich im Laufe der Zeit sehr stark gewandelt. Die französische Philosophie-Professorin Elisabeth Badinter beschreibt in ihrem grundlegenden Buch »Die Mutterliebe – Geschichte eines Gefühls vom 17. Jahrhundert bis heute« die sich wandelnden Anforderungen an eine »gute Mutter«. Interessanterweise verändern sich mit diesen auch die Schuldgefühle. Sie faßt diese Entwicklung in die folgenden Worte: »Wenn das 18. Jahrhundert – soviel kann man schon sagen – den Gedanken der elterlichen Verantwortung aufbrachte, so hat das 19. Jahrhundert ihn voll aufgenommen und dabei die Verantwortung der Mutter hervorgekehrt, während das 20. Jahrhundert den Begriff der mütterlichen Verantwortung in den Begriff der mütterlichen Schuld umwandelte.«[8] Mütterliche Schuldgefühle sind also die Folge einer langen Entwicklungsgeschichte.

Über Jahrhunderte war die Mutter-Kind-Beziehung durch Gleichgültigkeit geprägt. Bis zum Ende des 18. Jahrhunderts starb jedes vierte Kind im Säuglingsalter. Hätte die Mutter sich mit der heute geforderten Liebe an jeden Säugling gebunden, wäre sie wohl vor Kummer gestorben. So nahm man das Kommen und Gehen der Kinder als unausweichliches Schicksal hin und hängte sein Herz nicht zu stark an sie.[9]

Ebenfalls erstaunlich war die ungleiche Behandlung der Kinder. Zuneigung und Fürsorge wurden je nach Geschlecht oder Stellung verteilt. Mädchen waren für die Familie oft eine Last. Eine Tochter kostete ihren Vater immer eine Mitgift, ohne ihm etwas einzubringen. Konnte man sie später nicht ihrem Rang entsprechend verheiraten, so gab man sie in ein Kloster oder suchte ihr einen Platz als Hausmädchen in einer anderen Familie. Kein Wunder, daß da für Mädchen nicht viel Liebe abfiel. Was eine Mutter an Zärtlichkeit und Stolz besaß, behielt sie ihrem ältesten Sohne vor, der einmal als Alleinerbe den gesamten Familienbesitz übernehmen würde. »Die Geschwister betrachteten ihren ältesten Bruder als natürlichen Feind. Und auf die Feindschaft zwischen den Brüdern folgte die entsprechende Feindschaft ihrer Kinder«, beschreibt Edward Shorter in seinem Buch »Die Geburt der modernen Familie« eine weitverbreitete Familienproblematik jener Zeit.[10] Die ungleiche Behandlung stürzte die Mutter aber nicht in Schuldgefühle, sie verhielt sich ja nur, wie es allgemein üblich und gefordert war. Schuldig machte man sich höchstens, wenn man die jüngeren Kinder zu »weich« erzog und sie dadurch nicht auf ihre harte Zukunft vorbereitete.

Gänzlich unverständlich für unser heutiges Empfinden ist auch die damalige Gewohnheit vieler Eltern, ihre Kinder gleich nach der Geburt für vier Jahre einer Amme anzuvertrauen. Meistens war dies eine arme, der Familie unbekannte Bäuerin auf dem Lande, die neben ihrer schweren Arbeit in Haus und Hof als Nebenverdienst noch einige Stadtkinder großzog. Im Jahre 1780 wurden von 21.000 Neugeborenen 700 von ihren Müttern gestillt und weitere 700 zu Hause durch eine Amme betreut. 2000 wurden in einem Vorort und die restlichen 17.000 auf dem Lande in Pflege gegeben. Die Pflegekinder waren meist sich selbst überlassen, wurden schlecht ernährt und kehrten, wenn sie nicht der hohen Kindersterblichkeit zum Opfer fielen, kränklich oder gar verkrüppelt ins Elternhaus zurück. In Lyon waren die Verhältnisse der Kinderbetreuung so katastrophal, daß der Polizeidirektor im Jahre 1778 feststellte: »Während unsere Hospitäler alle ausgesetzten Kinder, für die sie Sorge übernehmen, eintragen und numerieren, während der Jäger einen Hund markiert, damit man ihn nicht verwechseln kann, während der Metzger die Tiere, die geschlachtet werden sollen, um uns Nahrung zu geben, sorgfältig auseinanderhält, verläßt das Kind aus dem Volke unsere Mauern ohne einen Taufschein, ohne Papier, ohne Personenbeschreibung, ohne daß man weiß, was aus ihm werden soll.«[11] Sein Leben hing von der Vermittlerin ab, die weder lesen noch schreiben konnte und deshalb auch kein Verzeichnis führte. Wenn sie verschwand oder starb, waren alle Kinder, denen sie einen Platz besorgt hatte, mit ihr verschollen.

Diese Zustände nahm die Gesellschaft gleichgültig hin. Erst im Jahre 1773 schrieb eine Polizeiverordnung den Wagenführern vor, daß die Planken ihres Wagens mit ausreichend frischem Stroh zu bedecken seien und mit einer soliden Plane bedeckt werden müßten. Die Ammen müßten auf dem Wagen mitfahren können, damit kein Kind herunterfiele und verlorenginge.

Was geschah nun mit den Kindern, wenn sie nach vier Jahren zurückkehrten? Die Nachkommen begüterter Familien wurden bald einem Hauslehrer oder einer Gouvernante überlassen. Meist wählte man sie nach den gleichen Kriterien aus wie die Amme: Man entschied sich für die billigsten. Mit acht bis zehn Jahren schickte man die Kinder dann in die Lehre zu einem Handwerker oder brachte sie in einem Internat unter.

Daß viele Eltern aus den unteren Schichten ihre Kinder nicht selber aufzogen, mag noch verständlich sein, denn die Mütter mußten durch ihre Arbeit das Überleben der Familie sichern helfen. Für die durchschnittliche Familie war es billiger, die Kinder einer Amme anzuvertrauen, als durch die Kinderpflege die Arbeitskraft der Frau zu verlieren. Aber warum gaben die Mütter aus den begüterten Schichten ihre Kinder ohne Gewissensbisse und Schuldgefühle ab? Elisabeth Badinter schreibt:

»Diese Frauen haben durchweg ein sehr ruhiges Gewissen, weil die Umgebung anerkennt, daß die Teilnahme am gesellschaftlichen

Leben unumgänglich ist, sobald man einen bestimmten Rang bekleidet, und weil sogar Ärzte zugeben, daß diese Verpflichtungen eine akzeptable Entschuldigung sind, wenn die Frauen sich nicht um ihre Kinder kümmern. Hat nicht Moreau de Saint-Elier, ein Arzt in der Mitte des 18. Jahrhunderts, behauptet, die Kinderpflege ist eine hinderliche Last ... in der Gesellschaft?«[12]

19. Jahrhundert: Mutterliebe als neuer Wert

Im letzten Drittel des 18. Jahrhunderts vollzog sich dann so etwas wie eine Revolution. Nach 1760 erschien plötzlich eine Menge von Schriften, in denen den Müttern empfohlen wurde, sich persönlich um ihre Kinder zu kümmern. In seinem berühmten Erziehungsroman »Emile« übertrug der große Aufklärer Rousseau den Eltern die moralische Pflicht der Fürsorge für ihre Kinder.[13] Die Mißstände des Ammenwesens wurden angeprangert und die Frauen angewiesen, ihre Kinder selbst zu stillen. Am Ende des 18. Jahrhunderts erschien die »Mutterliebe« als ein neuer Begriff in der Literatur. Dies zeigte eine doppelte Einstellungsänderung: Das Wort »Gefühl« fand Eingang in die Familienbeziehungen und erhielt neben »Pflicht« und »Gehorsam« einen immer größeren Platz. Die Stellung der Frauen wurde aufgewertet. Innerhalb der Familie wurde ihnen mehr Einfluß zugestanden. (Diese Rollenverschiebung entwickelt sich weiter, bis der Vater im Laufe des 20. Jahrhunderts im übergroßen Schatten der Mütter verblassen wird.)

Ärzte und Staatsbeamte, Geistliche und Erzieher rieten nun den Frauen dringend: »Werden Sie gute Mütter, und Sie werden glücklich und geachtet sein. Machen Sie sich in der Familie unentbehrlich, und Sie werden das Bürgerrecht erhalten.«[14]

Auch die Rolle des Kindes veränderte sich. Während das Kind früher oftmals eine Last für die Familie bedeutete, einen Mund, den es zusätzlich zu stopfen gab, so erkannte man nun langsam seinen geistigen und auch materiellen Wert. Durch die Industrialisierung erhielten auch die jüngeren Kinder eine Chance zur selbständigen Bewältigung ihres Lebens. Vermehrt wurde ihre Arbeitskraft in den

Fabriken und Bergwerken gebraucht. (Im 20. Jahrhundert wird sich die kindliche Stellung nochmals verändern: Aus dem kleinen Arbeiter im Schmutz der Fabriken und Bergwerke wird es sich in den fordernden Mittelpunkt der kleinen Kernfamilie verwandeln.)

Auch der Lebensinhalt wandelte sich. Jahrhundertelang war das Überleben der Sippe das erste und wichtigste Ziel. Nun erschien plötzlich »Glück« als ein neuer Lebenssinn. Voltaire schrieb in einem Brief: »Das große und das einzige Anliegen, das man haben soll, ist, glücklich zu sein.«[15] Diese neue Einstellung prägte auch das Familienleben. Statt Autorität und Gehorsam wurden nun Fürsorge und Zärtlichkeit betont. Diese neue Aufgabe wurde vor allem den Müttern übertragen. Mutterschaft wurde nicht mehr als auferlegte, mühsame Pflicht beschrieben, sondern als beneidenswerte und angenehmste Tätigkeit, die eine Frau sich erhoffen kann. Es wurde als erwiesene Tatsache dargestellt, daß die »neue Mutter« ihr Kind um ihres eigenen Vergnügens willen stillen und als Lohn eine unendliche Zärtlichkeit empfangen würde. Dieser Wertewandel veränderte das Leben der Frau nachhaltig: Sie zog sich aus ihren gesellschaftlichen Verpflichtungen zurück und widmete sich mit der Zeit ausschließlich den Kindern.

Der neuen Verantwortung folgte allerdings sogleich die Verurteilung von unbelehrbaren Müttern. So schrieb ein französischer Arzt im ausklingenden 18. Jahrhundert: »Eine Mutter, die sich zu stillen weigert, beweist dadurch ihre Verdorbenheit und muß folglich entschieden verurteilt werden.« Und hundert Jahre später verstärkte ein Kollege diese Ansicht so: »Sie verurteilt ihre gesamte Nachkommenschaft zu schrecklichen Leiden, deren entsetzliche Konsequenzen wir noch nicht voll erkennen: Zu unheilbaren Krankheiten wie der Tuberkulose, der Epilepsie, dem Krebs und dem Wahnsinn, ganz zu schweigen von den schrecklichen Neurosen, unter denen die Menschheit so sehr leidet.«[16]

Hier begegnen wir einem neuen Gedanken, der, wie wir im nächsten Kapitel sehen werden, im 20. Jahrhundert von vielen Psychologen aufgenommen wurde: Mütter tragen die Verantwortung für das Wohlergehen ihrer Sprößlinge. Wenn diese sich nicht erwartungsgemäß entwickeln, ist in erster Linie die Mutter schuld daran.

6. Kapitel

Mütter auf der Anklagebank

Eine schwangere Frau darf sich heute kaum einen negativen Gedanken oder gar ein ablehnendes Gefühl gegenüber ihrem werdenden Kind erlauben. Sonst muß sie befürchten, daß sie später dafür zur Rechenschaft gezogen wird.

Spätestens seit Arthur Janovs Buch »Der Urschrei« in den 70er Jahren Furore machte, haben Erziehungswissenschaftler, Psychologen und selbsternannte Fachleute ein neues Arbeitsfeld entdeckt.[1] In einer Flut von Artikeln und Büchern, die meistens aus einem Gemisch von nicht nachweisbaren Einzelbeispielen und Vermutungen bestehen, werden die tiefen seelischen Verwundungen, die die werdende Mutter dem winzigen Fötus schon in den ersten Tagen und Wochen seiner Existenz zufügt, aufgelistet. Natürlich wird nebenbei auch die einzig richtige Therapiemethode, die meist nicht eben günstig zu haben ist, angepriesen.

Anhänger dieser Theorien machen intrauterine, also vorgeburtliche Ereignisse für spätere Probleme verantwortlich. Depressionen des Erwachsenen sehen sie als Folge der Ablehnung der Schwangerschaft durch die Mutter, Asthma und Migräne weisen auf eine schwere Geburt hin, Übergewicht und Eßsucht werden auf Mangelernährung im Mutterleib zurückgeführt, und vieles mehr.[2]

Einige Vorreiter dieser Bewegung diskutieren bereits ernsthaft die Umstände der Zeugung als mögliche Quelle späterer Neurosen.

Mütter sind also vom ersten Augenblick an gefordert und können sich auch in der Schwangerschaft keinen Augenblick entspannt zurücklehnen, denn ihr ganzes Fühlen und Sein könnte schon die ersten Keimzellen nachhaltig belasten.

Auch in der christlichen Seelsorge-Literatur wird den vorgeburtlichen Verletzungen vermehrt Beachtung geschenkt. In ihrem weitverbreiteten Buch »Innere Heilung« schreibt Betty Tapscott: »Wenn ein ungeborenes Kind auf Nikotin reagiert, das die Mutter raucht, wenn es mit Alkohol, den die Mutter trinkt, in seinem Blut geboren werden kann, wenn die Mutter Drogen nimmt – dann ist es wissenschaftlich durchaus verständlich, daß es auch auf seelischen und gefühlsmäßigen Gebieten beeinflußt werden kann.«[3]

Bei seiner regen Vortragstätigkeit läßt ein anderer Seelsorger, David Sandford, seine Zuhörer an den Offenbarungen, die er angeblich durch den Heiligen Geist gewonnen habe, teilhaben. Anhand sorgfältig ausgewählter Bibelstellen »beweist« er seiner zahlreichen Zuhörerschar, daß schon ein Kind im Mutterleib sündigen könne, denn jeder Mensch habe einen persönlichen Geist, lange bevor sein Gehirn geformt worden sei. Nach seinen Erkenntnissen wird das wachsende Kind schon im Uterus entscheidend beeinflußt, denn Charakter und Persönlichkeit würden schon in den ersten 3-5 Monaten im Mutterleib geformt. Deshalb sollte sich die Mutter besonders in den ersten Monaten der Schwangerschaft aus dem gesellschaftlichen Leben zurückziehen und viel Zeit im Gebet, beim Bibellesen und in der Gemeinschaft mit anderen Christen verbringen, damit ihr Kind von Anfang an richtig geformt werde.[4] Richtet sich die Mutter nicht nach diesen Offenbarungen, verwundet sie den so verletzlichen Geist des winzigen Fötus.

In der Tat kann der Lebensstil der Schwangeren das heranreifende Wesen beeinflussen. Besonders die schädlichen Folgen von Drogen wie Nikotin, Alkohol oder Heroin sind wissenschaftlich erwiesen. Doch über die seelischen Einflüsse läßt sich nur spekulieren. Es scheint mir auf jeden Fall sehr gefährlich, wenn man Lebensprobleme nur auf das fehlerhafte Verhalten der Mutter in der Schwangerschaft und im Kleinkindalter zurückführen will.

Von Verantwortung zu Schuld

Mütter sitzen nicht erst seit den 70er Jahren auf der Anklagebank. Am Anfang unseres Jahrhunderts veränderten die Erkenntnisse der Pioniere der modernen Psychologie, Freud, Jung und Adler, das gängige Weltbild grundlegend. Ihre Thesen, daß die ersten Lebensjahre die prägende Zeit des Lebens seien und daß Fehler bei der Betreuung von Säuglingen tiefgreifende Verletzungen in deren Psyche verursachen könnten, beeinflussen noch heute nachhaltig die Meinung vieler Eltern und Therapeuten.

Besonders die Traumatheorie von Sigmund Freud ist eine der Grundlagen der europäischen Psychologie geblieben. Deshalb möchte ich sie Ihnen kurz anhand der folgenden Skizze und einem Beispiel erklären.

Abb: 6.1: Die Traumatheorie von Sigmund Freud

Eine seelische Verletzung erzeugt negative Affekte und Änderungen im Triebgeschehen. Wenn diese bewußt abreagiert werden, ergeben sich keine negativen Folgen. Ist dies nicht möglich, wird die traumatische Energie abgewehrt und verdrängt. Im Laufe des Lebens wird der ungelöste Konflikt aber weiter schwelen und scheinbar unerklärliche Symptome hervorbringen, wie z.B. Ängste, Zwänge oder Eßstörungen. Da für ein Kleinkind die Verarbeitung seelischer Verletzungen besonders schwierig ist, hält man die Säuglingszeit für besonders gefährlich.[5]

Ein Beispiel dazu: Ein Student kommt mit schweren Lernstörungen und einer Neigung zu Apathie in die psychotherapeutische Behandlung. Sein Abitur hat er mit Erfolg bestanden, und er versteht nicht, warum er im Studium plötzlich versagt. Bald stellt sich heraus, daß er als kleiner Junge von seinem Vater oft heftig kritisiert und kaum gelobt wurde. Tiefenpsychologisch gedeutet ist sein aktuelles Problem eine Folge seiner kleinkindlichen Mangel- und Angsterfahrungen. Durch sie entstand ein psychologischer Mechanismus, der eine Leistungsanforderung unwillkürlich als Angriff versteht und dadurch eine Abwehrreaktion in Gang setzt. Der Student schiebt seine Ängste und seine Müdigkeit vielleicht auf körperliche Ursachen, während er in Wirklichkeit seine Eltern mit seinem Mißerfolg bestraft.

Bestimmt spricht einiges für diesen Erklärungsversuch. Doch werden wir im 8. Kapitel sehen, daß man nicht nur Erfahrungen aus der frühen Kindheit für aktuelle Probleme verantwortlich machen kann. Vielleicht gibt es auch andere Gründe für sein Lernproblem: ein Todesfall in der Familie, Liebeskummer, finanzielle Engpässe u.ä.

Durch die Betonung der ersten Lebensjahre rückte die Mutter ins Interesse der Psychologen, da sie in dieser Zeitspanne das Kind fast allein versorgt. Der Individualpsychologe Erwin Wexberg faßt zusammen:

>Die Mutter, diese erste Vertragspartnerin, ist als solche für das Kind der Prototyp der ganzen Welt. Die Bereitschaft, sich überhaupt auf die Bindungen im Leben einzulassen, die die Gemeinschaft ausmachen, setzt voraus, daß sich die Mutter als verläßlich erweist. Wird diese Beziehung in irgendeiner Weise gestört, so greift diese Störung tief in das Leben des Kindes ein und hinterläßt Spuren, die fast immer für Charakter und Schicksal entscheidend sind.«[6]

Diese Auffassung bürdet eine ungeheure Verantwortung auf die Schultern der folgenden Müttergenerationen. Mütter sind nicht nur Betreuerinnen ihrer Kinder, sondern werden zu Schöpferinnen der Persönlichkeit des Kindes gekürt. Ihr Denken, Handeln und Fühlen wird zum Schicksal ihres geliebten Schützlings.

Was zu Beginn unseres Jahrhunderts als neue Erkenntnis debattiert wurde, ist heute zum Allgemeingut geworden. Jedermann weiß, daß Kinder nicht nur körperliche Bedürfnisse haben, sondern auch einen »emotionalen Tank besitzen, der täglich mit bedingungsloser Liebe bis zum Überfließen genährt werden muß.«[7]

Viele andere Psychologinnen und Psychologen haben sich seither mit dem entscheidenden Einfluß der Mutter auf die Entwicklung des Kindes auseinandergesetzt. In den 50er Jahren rückten die Mütter erneut ins Visier der Psychologie. Winnicott ermahnte die Mütter:

>Wir fangen eben erst an zu verstehen, wie absolut nötig die Mutterliebe für das Neugeborene ist. Die körperliche Gesundheit des Er-

wachsenen wird in der Kindheit begründet, aber die seelische Gesundheit des Menschen bewirkt die Mutter in den ersten Wochen und Monaten des Lebens ... Das Vergnügen, das man bei dem unsauberen Geschäft der Säuglingspflege empfinden kann, ist auch für das Kind von lebenswichtiger Bedeutung.«[8]
Welche Mutter (oder welcher Vater) hat wohl in den ersten anstrengenden Wochen nach der Geburt immer voller Freude diese »unsauberen Geschäfte« erledigt? Hat ihr Kind nun deshalb Schaden gelitten? Müssen solche unrealistischen Forderungen nicht ein Nährboden für diffuse Schuldgefühle werden?

1951 erregte John Bowlby mit seinen Studien über die verlangsamte Entwicklung von Heimkindern ohne konstante Betreuung, die er der Weltgesundheitsorganisation vorlegte, großes Aufsehen. Aus diesen Extremfällen entwickelte er seine Theorie der frühkindlichen Bindung und der fatalen Folgen mütterlicher Deprivation (Vernachlässigung).[9] Er warnte, daß jede Trennung von der Mutter, wie kurz sie auch immer sei, einem Kind Schaden zufüge. Damit wurde die Mutter noch ausschließlicher und enger ans Kind gebunden. Sie wurde zur alleinigen 24-Stunden Betreuerin befördert. Falls sie durch irgendwelche Umstände gezwungen sein sollte, ihr Kind für Stunden oder gar Tage jemandem anzuvertrauen, sind Konsequenzen unvermeidbar. Wenn ihr Kind jemals Probleme haben sollte – und welches Kind hätte keine – trägt sie die Schuld daran.

Vergiftete Kindheit

In den sechziger Jahren spann René Spitz diesen Gedankenfaden weiter. Er reduzierte die Einflüsse der Außenwelt auf die Persönlichkeitsentwicklung des Kindes auf die »Mutter-Kind-Dyade« und sah im Fehlverhalten der Mutter den entscheidenden Auslöser für spätere Probleme:

»*In jedem Fall* können wir sagen, die Persönlichkeit der Mutter wirkt als krankheitsauslösendes Agens, als ein psychisches Toxin (Gift) ... Ich habe eine Reihe schädlicher mütterlicher Verhaltensweisen unterscheiden können, von denen jede mit einer spezifischen psychotoxischen (seelenvergiftenden) Störung des Kindes verbunden schien.«[10]

Die folgende Tabelle zeigt ausführlicher, welche tiefgreifenden Folgen mütterliche Fehler nach der Meinung dieses Psychologen haben:

Tab. 6.2: Massive Schuldzuweisungen durch Resultate veralteter Forschungsarbeiten von René Spitz

	Einstellung und Verhalten der Mutter	mögliche Krankheit des Säuglings
Psychotoxizität (vergiftende Wirkung auf die Seele)	Primäre unverhüllte Ablehnung	Koma des Neugeborenen
	Primäre ängstlich übertriebene Besorgnis	Dreimonatskolik
	Feindseligkeit in Form von Ängstlichkeit	Neurodermitis (Hautausschläge)
	Schwanken zwischen Verwöhnung und Feindseligkeit	Hypermotilität (Schaukeln)
	Zyklische Stimmungsverschiebungen	Koprophagie (Spielen mit oder Essen von Kot)
	Bewußt kompensierte Feindseligkeit	Aggressivität
Mangel-Erscheinungen	Teilweiser Liebesentzug	Depression
	Völliger Liebesentzug	Marasmus (geistiger und körperlicher Kräfteverfall)

Wenn man diese Tabelle betrachtet, kann man sich nur wundern, daß es noch Frauen gibt, die es wagen, Kinder aufzuziehen. Welche Mutter kann sich rühmen, nie ablehnende Gedanken gegen ihr Kind gehegt zu haben? Wer zeigte nie übertriebene Besorgnis oder neigte gar zu Ängstlichkeit? Welche Frau kennt keine Stimmungsschwankungen? Ob man damit wirklich seine unbewußte Feindseligkeit versteckt? Man staunt direkt, daß trotz der lauernden Gefahren noch so viele Kinder gesund und fröhlich sind.

Natürlich belegte René Spitz diese Zusammenhänge mit ausführlichen Forschungsarbeiten. Doch muß man einschränkend beifügen, daß er seine Beobachtungen nicht bei Kindern machte, die aus normalen Familien stammten und leichte Störungen zeigten, sondern in Kinderheimen, in denen sehr schwere Erkrankungen auftraten. Nicht jedes Schaukeln des Kleinkindes ist krankhaft, schränkt er z.B. selbst ein. »An sich kann man dieses Verhalten kaum als pathologisch (krankhaft) bezeichnen, denn bei fast jedem Kind tritt es gelegentlich auf.«[11] Wie soll nun aber eine psychologisch ungebildete Mütter unterscheiden, ob das Schaukeln ihres Säuglings krankhaft oder nur entwicklungsbedingt ist?

Dieses Beispiel zeigt auf, daß man mit Befunden, die an schwer gestörten Kindern gemacht wurden, sehr sorgfältig umgehen muß. Ausdrücke wie »psychotoxisches (seelenvergiftendes) Verhalten der Mütter« führen zu Vorurteilen und Verunsicherung. Es können große Mißverständnisse entstehen, wenn die Betreuung durch die Mutter zu Gift für ihre Kinder erklärt wird. Moderne Forscherinnen und Forscher machen hinter die Forschungsarbeiten von John Bowlby und René Spitz ein Fragezeichen, weil sie den heutigen Anforderungen an seriöse Studien nicht mehr entsprechen.[12]

Der Gedanke der »vergifteten Kindheit« ist auch heute noch aktuell. Erst kürzlich erschien wieder ein Buch, das breit auswalzt, was »giftige Eltern ihrem Kind antun« und Hilfen anbietet, wie man sich von einer »vergifteten Kindheit« befreien kann.[13]

Leider neigt die populärpsychologische Literatur zu vereinfachenden Schuldzuweisungen. Die Zeitschrift *Medical Tribune* titelte: »Baby schreit nachts – Die Eltern sind selbst schuld.« Diese Aussage mag teilweise stimmen. Das Verhalten der Eltern beeinflußt tatsächlich das ihrer Kinder. Aber dieser Artikel wird die Einstellung der lesenden Ärzteschaft prägen: Die Eltern sind selbst schuld an den auftretenden Problemen. Solche Schlagzeilen werden unbewußt ins Verhältnis zwischen Arzt und Eltern einfließen und die neutrale Haltung des Therapeuten gefährden. Der Einfluß auf die Mütter ist jedenfalls klar: Sie werden sich noch schuldiger fühlen.

Die psychologische Aufklärung hatte jedoch auch viele positive Auswirkungen. Die Bedürfnisse der Kinder wurden wahrgenommen und ihre Entwicklung besser verstanden. Soziale Mißstände wurden aufgedeckt, und Kinderarbeit in Bergwerken und Fabriken wurde verboten. Die Schule und ein weites Spektrum weiterer Bildungsmöglichkeiten entstanden. Eine Menge von Ratgeberbüchern unterstützt heute die Bemühungen der Eltern. Schulpsychologinnen und Schulpsychologen helfen, wenn Lernprobleme auftreten und man nicht mehr weiter weiß. Zahlreiche Fachleute leisten eine wertvolle Arbeit in der Beratung von Familien.

Mutter ist immer schuld!

Daneben wurde die psychologische Aufklärung aber auch zu einer »Schuldfalle« für pflichtbewußte Mütter. Die Fachliteratur stürzt sie nicht selten in einen unlösbaren Zwiespalt, wie das folgende Zitat zeigt. In einer Arbeit schreiben die Autoren:

>»Mütter von Patienten mit Klinefelter's Syndrom[14] sind oft überbehütend und ängstlich . . . Verhaltensstörungen können mit 4-5 Jahren beginnen, wenn ihre Mütter sie nicht beschützen und sich ihrer besonders annehmen.«[15]

Eine Mutter, deren Kind an dieser Krankheit leidet, hat also zwei Möglichkeiten: Sie ist besonders wachsam und verhindert mögliche Störungen, wird aber als überbehütend abqualifiziert. Oder sie ist unbesorgt und riskiert damit die Gesundheit ihres Kindes. Wie sie auch immer handeln mag: Schuldzuweisungen sind ihr gewiß.

In den 70er Jahren stimmte auch Alice Miller in den Chor der »Mutter-Verurteilung« ein. In ihrem Bestseller »Das Drama des begabten Kindes« stellte sie fest:

>»Bis auf zwei Ausnahmen waren sämtliche Mütter meiner Patienten narzißtisch gestörte, in höchstem Maß unsichere und oft an Depressionen leidende Persönlichkeiten.«[16]

Kranke Kinder haben kranke Mütter. Dieser Grundsatz analytischen Denkens mauserte sich schließlich zur allgemein anerkannten Wahrheit: »Mutter ist an allem schuld!«

Jahrelang wurde unter dieser Optik scheinbar objektive Forschungsarbeit geleistet. Dabei wurden die Wissenschaftlerinnen und Wissenschaftler trainiert, alles aus dem Blickwinkel des Kindes zu sehen. Bei meinen Recherchen überflog ich unter dem Stichwort »Mutter« die Zusammenfassungen von rund 2000 Artikeln. Hunderte beschäftigten sich mit der Entwicklung des Kindes. Knapp 20 befaßten sich mit der Psyche der Mutter. Mit diesen wird in der Literatur nicht eben zimperlich verfahren. In einer Studie schreibt eine amerikanische Therapeutin betroffen, wie abwertend sie selbst zehn Jahre lang die Mütter ihrer Klienten in den Krankengeschichten erwähnte: »Kontrollierend, überbehütend, kritisch, narzißtisch, verschlossen, verführerisch, kalt, unerreichbar, gefühllos, distanziert, unfähig, vernachlässigend . . .«[17]

In vielen Arbeiten werden Mütter nicht als menschliche Wesen mit eigenen ungestillten Bedürfnissen gesehen, sondern nur in der Beziehung zu den Störungen ihres Kindes definiert. Liest man die psychologische Literatur, treten sie einem als übergroße, allmächtige, verschlingende Über-Wesen oder als vernachlässigende Egoisten entgegen. Von der Verantwortung der Väter und der Kinder, dem Einfluß von Freunden und Verwandten, Schulen und Kirchen, von Familienkonstellation und sozialer Schicht, Geschlecht und angeborener Disposition ist selten die Rede.

Eine Mutter von vier Kindern erlebte dies schmerzlich. Ihre erste Begegnung mit einem Therapeuten, den sie wegen Lernschwierigkeiten ihrer Tochter aufsuchte, wird sie wohl nicht so schnell vergessen. Noch lange hallte die abschließende Bemerkung dieses Schulpsychologen in ihr nach: »Ihr Kind ist innerlich tot. Suchen Sie möglichst rasch einen Psychotherapeuten auf. Der kann Ihnen bestimmt weiterhelfen.« Nach diesem Gespräch war die Mutter innerlich zerstört. Sie erzählte mir: »Nächtelang konnte ich nicht mehr schlafen. Meine Tochter. Innerlich tot. Und dabei ist sie die fröhlichste von unseren vier Kindern. Was habe ich denn nur falsch gemacht, fragte ich mich unablässig.«

Ob dieser Schulpsychologe wohl ahnte, was er mit seiner Diagnose auslöste? Vielleicht hat er nicht wörtlich die Wendungen gebraucht, die mir die geschockte Mutter erzählte. Aber bei ihr ist es so angekommen. Natürlich schob er die Schuld nicht direkt auf sie. Aber für sie war seine Botschaft klar: »Was hat diese Frau nur mit ihrem armen Kind angestellt? Niemand anders als sie kann doch als Mörderin dieser kindlichen Psyche in Frage kommen.« Einige Monate später wich der Alptraum allmählich von ihr. Bei einem verständnisvollen Therapeuten taute das Kind schnell auf – von »innerlich tot« war keine Rede mehr. Das Mädchen trat schließlich in eine ihm angemessene Schulstufe ein und entwickelte sich nach kurzer Therapie zu einer normalen, unternehmungslustigen Schülerin.

Diese Begebenheit ist hoffentlich ein Ausnahmefall. Doch viele Mütter erinnern sich mit gemischten Gefühlen an ihre Begegnung mit Therapeutinnen und Therapeuten. Nicht die Probleme der Kinder trieben sie schließlich an den Rand der Verzweiflung und machten ihr Leben zur Hölle, sondern die oft nur indirekten Schuldzuweisungen durch die Fachleute.

Die psychologische Aufklärung und Belehrung schwebt wie ein unsichtbarer Drohfinger über vielen pflichtbewußten Müttern: Kinder sind äußerst verletzliche Wesen, die nur in einer sehr stabilen Umgebung wachsen können. Wenn da ein Fehler passiert, kann das schlimme, kaum mehr korrigierbare Folgen nach sich ziehen.

Erst in den letzten Jahren hinterfragten Wissenschaftlerinnen und Wissenschaftler diese Theorien. Ein neues psychologisches Fachwort entstand: »Mother-Blaming«, die Verurteilung der Mütter.[18] Vor allem Wissenschaftlerinnen machten sich auf die Suche nach den Auswirkungen des Schuldspruchs auf die Mütter. Die Psychologin Paula J. Caplan untersuchte 125 Artikel die 1970, 1976 und 1982 in neun verschiedenen psychologischen Fachzeitschriften veröffentlicht wurden. Sie wollte herausfinden, welche Rolle die Experten der Mutter bei verschiedenen Entwicklungsstörungen zuschrieben. Ihr Ergebnis:

»Wir fanden, daß die im Bereich der psychischen Gesundheit arbeitenden Fachleute unabhängig von Geschlecht und Tätigkeit als Psychologen/innen, Psychiater/innen, Sozialarbeiter/innen allesamt gerne der Mutter die Schuld geben. In den 125 Artikeln wurden die Mütter für 72 verschiedene Problemfelder ihrer Sprößlinge verantwortlich gemacht. Vom Bettnässen bis zur Schizophrenie, von Lernproblemen bis zur Transsexualität, von

Magersucht bis Kriminalität gab es einen gemeinsamen Hauptgrund: Das Fehlverhalten der Mutter. In keinem Artikel wurde die Mutter-Kind-Beziehung als gesund oder nur in positiven Worten beschrieben.«[19]

Bestimmt würden die meisten der zitierten Autorinnen und Autoren entrüstet bestreiten, daß sie die Mütter schuldig sprechen. Sie beschrieben doch nur neutral ihre Beobachtungen. Das mag sein. Dann sollte man jedoch nicht vergessen, daß sie ihre Beobachtungen bei kranken Menschen gemacht haben, die höchstens 10 % der Bevölkerung ausmachen.[20] Alle die sogenannten Gesunden, die nie auf der Couch des Analytikers liegen – wurden sie von perfekten Müttern erzogen? Die Praxis zeigt, daß viele psychisch kranke Menschen völlig gesunde Geschwister haben. Haben sich die Mütter ihren Kindern gegenüber wirklich so unterschiedlich verhalten können? Ich glaube kaum. Vielmehr denke ich, daß man die Entwicklung eines Menschen nicht allein auf den Einfluß seiner Mutter zurückführen kann, sondern viele andere Einflüsse berücksichtigen sollte.

7. Kapitel

Mütter als Schicksal?

Das Leben hält sich oft nicht an die Regeln eines psychologischen Lehrbuches. Das zeigt die Familiengeschichte von Doris und ihrer jüngeren Schwester Silvia. Gemeinsam mit einem älteren Bruder wuchsen die Schwestern in einem Geschäftshaushalt auf. Nach einer recht glücklichen Kindheit trennten sich ihre Wege. Ein ungeplantes Kind beendete die Jugendzeit von Doris jäh, und sie heiratete überstürzt. Die erste Zeit der Schwangerschaft war hart, besonders, weil Doris noch mitten in der Ausbildung steckte. Lange versuchte sie ihren Zustand zu verbergen, und nur langsam wuchs ein Ja für das werdende Wesen. Die plötzliche Ehe und das kleine Mädchen waren für die jungen Leute zuerst eine Überforderung, denn sie kannten sich ja noch kaum. Die anfänglichen Spannungen wurden zum Dauerzustand, und Streit gehörte zur Tagesordnung. Nicht selten hörte die heranwachsende Tochter später, daß sie letztlich schuld an dieser verpatzten Beziehung sei, denn wegen ihr habe man ja heiraten müssen. Kurz nach der Geburt der zweiten Tochter wurde die kleine Familie zusätzlich erschüttert. Doris erlitt einen schweren Autounfall, der bleibende Schäden hinterließ. Die vorher ruhige und ausgeglichene Frau veränderte sich durch die Folgen der Hirnverletzung stark. Die Kinder mußten sich nun an die unkontrollierten Gefühlsausbrüche und depressiven Verstimmungen ihrer Mutter gewöhnen. Das Familienbarometer stand oft auf Sturm, und die beiden Kinder wurden hinter den dünnen Wänden oft Zeugen heftiger Auseinandersetzungen. Lange wohnte die Familie in einer kleinen, lauten Stadtwohnung. Ein Umzug war unmöglich, denn der Lohn eines Arbeiters ließ keine Sonderwünsche zu.

In Silvias Leben lief dagegen alles immer glatt. Auch sie heiratete mit 19. Bald war sie stolze Mutter von drei Kindern – Wunschkindern, wie sie gerne betonte. Ihr Mann erhielt eine gut bezahlte Stelle, und so zogen sie in ihr neues Haus auf dem Land. Silvia fand in dem kleinen Dorf schnell Anschluß. Im Turnverein lernte sie viele

Frauen kennen, sie gründete einen Frauenkreis und arbeitete in einer christlichen Gemeinde mit. Gewissenhaft achtete sie darauf, daß neben diesen Aktivitäten die Kinder nicht zu kurz kamen.

Welche Kinder werden sich wohl besser entwickeln? Natürlich die aus der »Musterfamilie« von Silvia, würden wir spontan antworten. Sie erlebten schließlich Liebe und Geborgenheit und genossen ideale Bedingungen für den Start ins Leben.

Doris wird es mit ihren Töchtern wahrscheinlich nicht so leicht haben, denn diese Kinder mußten viele negativen Erlebnisse verarbeiten. Besonders bei der unerwünschten Tochter sind Probleme zu erwarten.

Aber wie gesagt, das Leben hält sich nicht immer an psychologische Lehrmeinungen. In den turbulenten Teenagerjahren war es nicht Doris, die sich oft schlaflos im Bett wälzte. Ihre beiden Mädchen schafften die Schule mit Leichtigkeit, machten in der Jungschar mit und waren zu Hause mit Ausnahme einiger pubertärer Gefühlsschwankungen unauffällig und angepaßt. Fast unbemerkt wurden sie selbständig und erwachsen, und wenn man sie heute kennenlernt, errät man wohl kaum ihren schwierigen Familienhintergrund.

Silvia durchlitt schwerere Zeiten mit ihren Kindern. Schon in den ersten Schuljahren zeigten sich Lernschwierigkeiten bei ihrer ältesten Tochter. Auch stundenlanges Üben nützte nichts; schließlich wechselte sie in eine Sonderschulklasse. Ihr unkonzentriertes und unbeherrschtes Wesen, ihr ungebremster Bewegungsdrang und ihre Gefühlsausbrüche zerrten an den Nerven ihrer Mutter. Zuletzt endete auch die Lehre mit einem Mißerfolg und mußte abgebrochen werden. Daneben machte auch der jüngste Sohn seinen Eltern große Sorgen. Mit 14 Jahren schloß er sich einer Bande von Jugendlichen an, und bald war er der Polizei nur allzu gut bekannt.

Ein umfassendes Modell

Warum nahm die Entwicklung dieser Kinder eine so unerwartete Wendung? Weshalb entwickelten sich die Kinder aus der »Problemfamilie« von Doris soviel besser als jene aus Silvias »Musterfamilie«?

Was beeinflußt eigentlich die Persönlichkeit? Sind es tatsächlich vor allem die Mütter, wie es die Anhänger der Tiefenpsychologie behaupten?

Diese Fragen haben mich in den vergangenen Jahren sehr beschäftigt. Und so machte ich mich auf die Suche nach ausgewogener Information in der Fachliteratur. Dazu kamen viele Stunden interessanter Diskussionen mit meinem Mann, der mich an seinen Erfahrungen als Psychiater teilhaben ließ.

Deshalb möchte ich Ihnen im folgenden ein einfaches Modell für die Formung der Persönlichkeit vorstellen, das er in seinem Buch *Die Schwachen tragen* entworfen hat.[1] Es handelt sich dabei nicht um eine neue »Erfindung«, sondern um eine Zusammenfassung grundlegender Erkenntnisse aus der internationalen Fachliteratur.

Das folgende Schema zeigt, daß drei Faktoren die menschliche Persönlichkeit mitgestalten: Anlage, Umwelt und Reaktion.

Abb: 7.1: Faktoren der Persönlichkeitsbildung

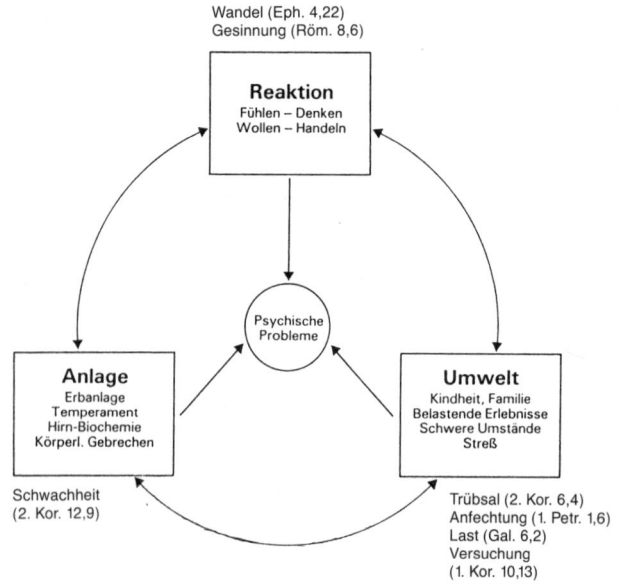

In der Vergangenheit wurden von psychologischen Schulen oft spezielle Aspekte einseitig hervorgehoben. Viele Tiefenpsychologen konzentrierten sich nur auf den Faktor Umwelt und fixierten sich auch dort nur auf den Bereich des mütterlichen Einflusses. Biologen und Mediziner sahen das Schicksal des Menschen in seinen Genen besiegelt. Äußere Einflüsse können höchstens geringfügige Änderungen bewirken, nicht mehr, behaupten sie. Vertreter der Verhaltenstherapie maßen der Vergangenheit und der Vererbung wenig Bedeutung zu. Was jemand aus seinem Leben macht, wie er im Hier und Jetzt handelt und denkt, sei entscheidend. Heute erkennt man zunehmend, daß alle drei Faktoren miteinander verbunden sind und sich gegenseitig beeinflussen. Wie in einem Mosaik entsteht das Bild der Persönlichkeit aus den verschiedensten Erfahrungen mit der Umwelt, unzähligen vererbten Anlagen und zahllosen eigenen Entscheidungen.

Das vorgestellte Modell erfaßt zwei Begriffsebenen:
1) Begriffe, wie sie in unserer Sprache und Kultur üblich sind, also »Anlage«, »Umwelt« und »Reaktion«.
2) Entsprechende biblische Begriffe: »Schwachheit«, »Trübsal«, »Anfechtung«, »Last«, »Versuchung«, »Wandel« und »Gesinnung«.

Auf den folgenden Seiten werden wir die Bedeutung der einzelnen Aspekte näher betrachten und nachher abwägen, wie weit der Einfluß der Mütter wirklich reicht.

1. Genetische Anlagen: Bestimmung von innen?

Als Aldous Huxley in seinem Science-Fiction-Roman »Schöne neue Welt« seine Vision vom Retortenmenschen zu Papier brachte, wurde er als phantasievoller Träumer bemitleidet oder als verrückter Spinner verlacht. Wer hätte damals schon geahnt, daß 40 Jahre später tatsächlich Retortenbabies gezeugt würden, daß mit dem Entschlüsseln des genetischen Codes auch die letzten Rätsel um den Menschen gelüftet werden sollen und daß die Horrorvorstellung eines Modellmenschen von der Stange in greifbare Nähe gerückt ist? Der Mensch ist nur komplizierte Chemie, alles ist machbar, heißt es am Ende unseres Jahrhunderts. Genforschung und Genmanipulation sind ins Zentrum der modernen Forschungsarbeit gerückt.

Immer schneller wird die Öffentlichkeit von neuen Erfolgsmeldungen überrascht. »Sucht-Gen gefunden.« »Erbkrankheiten werden heilbar.« »DNS entziffert.« Bald glaubt es jeder: Das Schicksal des Menschen liegt in den Genen.

Daß Babies nicht als unbeschriebenes Blatt auf die Welt kommen, ist schon lange bekannt. So sind bis heute über 3000 verschiedene Krankheiten mit nachgewiesenem Erbgang bekannt. Dazu gehören die Bluter-Krankheit, Diabetes, Schizophrenie, Mongolismus (Down-Syndrom), Muskelschwund und viele andere mehr.[2] In vielen Fällen wird aber eine Krankheit nicht allein durch die Anlage ausgelöst. Anlagebedingt ist lediglich ein erhöhtes Risiko, das je nach Entwicklungsumständen, Umwelt und Lebensführung zur Erkrankung führt.

Ein Säugling wird bereits mit einem umfangreichen Verhaltensrepertoire geboren. »Überraschenderweise ist das Neugeborene vom ersten Atemzug an ein bemerkenswert tüchtiger Organismus. Es kann sehen, hören, riechen, es empfindet Schmerz, Berührung und Positionsveränderungen. Das Kind ist vom ersten Moment seiner Geburt an bereit zur Wahrnehmung der meisten für den Menschen grundlegenden Sinneseindrücke«, kann man in einem Standardwerk der Entwicklungspsychologie nachlesen.[3]

Schon in der Neugeborenenstation, noch bevor der mütterliche Einfluß erstarkt, zeigen Babies Temperamentsunterschiede, wenn sie ein Stück Eis berühren oder mit einem starken Licht angestrahlt werden. Die einen zucken erschreckt zurück, weinen und lassen sich kaum beruhigen. Andere blinzeln nur kurz, kneifen die Augen zu oder wimmern leise. Manche Kinder kommen schon als anschmiegsame, ruhige und ausgeglichene Wesen auf die Welt, andere zeigen sich von Anfang an aktiver, unruhiger, selbständiger, unabhängiger. Kinder, die das Leben schon in den ersten Jahren schwerer nahmen, waren auch später gefühlsmäßig labiler.[4]

Hinweise auf den Einfluß der Vererbung ergab auch die Zwillingsforschung. Mehrere Studien beschäftigten sich mit den Ähnlichkeiten und Unterschieden von Zwillingen, die nicht zusammen aufwuchsen. Welcher Einfluß wirkt bei ihnen stärker, derjenige der Adoptivfamilien oder jener der biologischen Eltern? Die Resultate unterstützten die Vererbungstheorie. Eineiige Zwillingspaare mit ihrer fast identischen Erbmasse, die sehr früh getrennt wurden und in verschiedenen Pflegefamilien aufwuchsen, weisen eine größere Ähnlichkeit ihrer Intelligenzleistungen auf als gemeinsam aufwachsende zweieiige Zwillinge. Die genetische Anlage der Intelligenz ist also stärker als der Einfluß der Pflegefamilie. Auch breitangelegte Studien mit Adoptivkindern unterstützen diese Aussagen. Der IQ von Adoptivkindern lag näher bei dem ihrer natürlichen Eltern als bei dem ihrer Adoptiveltern. Zumindest auf der leichter meßbaren Ebene der Intelligenz läßt sich der bestimmende Einfluß der Vererbung nicht abstreiten. Es ist anzunehmen, daß auch auf der Ebene der Gefühle und des Temperaments gewisse Grundmuster vorgezeichnet sind. Mütter mehrerer Kinder können von deren unterschiedlichem Temperament ein Lied singen. Meine Söhne kenne ich schon an der Art, wie sie das Haus betreten. Beim einen öffnet sich die Tür mit einem schnellen Dreh und fliegt mit einem lauten Knall ins Schloß oder bleibt sperrangelweit offen stehen. Der andere kommt fast geräuschlos herein und schließt fein ordentlich hinter sich zu. Ihr Temperament ist grundverschieden. Dabei genießen doch beide die gleiche Erziehung!

Zusammenfassend kann man die Anlage (oder Disposition) in vier Bereiche einteilen:

a) Erbanlage,
b) Geburtsschäden,
c) körperliche Gebrechen und psychosomatische Reaktionen,
d) Temperament.

Jedes niedliche Baby, das die Mutter nach der Geburt liebevoll an sich drückt, bringt unsichtbar seine Ausrüstung mit in dieses Leben. Vielleicht ist es gesund und munter, klein und zierlich oder hat Sommersprossen und rote Haare. Vielleicht zeigen sich aber auch Zeichen einer Behinderung. Vieles ist schon vorgegeben, aber ebenso vieles ist noch offen. Jedes Kind (auch ein behindertes) ist letztlich ein Wunderwerk seines himmlischen Vaters. Er hat über ihm gewacht, als es im Dunkeln unseres Leibes heranreifte. Staunend kann man da mit David danken:

»Du hast mich geschaffen mit Leib und Geist,
mich zusammengefügt im Schoß meiner Mutter.
Dafür danke ich dir,
es erfüllt mich mit Ehrfurcht.«[5]

Kinder sind ein Geschenk Gottes. Man kann heute zwar selbst bestimmen, wieviele Kinder man haben möchte, aber ihre Anlagen sind glücklicherweise nicht manipulierbar. Mütter spüren zwar intensiv, wie ihr Kind wächst, aber letztlich müssen sie es so annehmen, wie Gott es schenkt.

Dies erfuhr auch Silvia, die wir am Anfang dieses Kapitels kennenlernten. Die Geburt ihrer ältesten, schwierigen Tochter war sehr problematisch. Nach endlosen vierundzwanzig Stunden Wehen wurde im letzten Moment ein Kaiserschnitt durchgeführt. Das kleine Mädchen war schon ganz blau, als endlich sein Hals von der Nabelschnur befreit wurde und es die lebensspendende Luft mit einem tiefen Atemzug einsaugen konnte. Die ersten Lebenstage lag es im sterilen Bettchen der Intensivstation, und die Ärzte sprachen besorgt von einer möglichen leichten Schädigung des Gehirns. Die geschilderten Schwierigkeiten waren also nicht auf Fehler der Eltern zurückzuführen, sondern waren die normalen Folgen eines psychoorganischen Syndroms (POS).

Wie so viele Mütter stand Silvia plötzlich unerwarteten Schwierigkeiten gegenüber. Was konnte sie anderes tun, als das Kind dankbar aus Gottes Händen zu nehmen, es zu begleiten und zu unterstützen, selbst dabei zu lernen und zu reifen und es immer wieder Gottes liebender Fürsorge anzuvertrauen?

2. Umwelt: Verformung von außen?

Der zweite Faktor, der die Persönlichkeit maßgeblich prägt, ist die Umwelt. Im Leben eines jeden Menschen gibt es angenehme und belastende Erlebnisse, Freude und Leid, Erfolg und Enttäuschungen. Dies beginnt schon im zarten Säuglingsalter und zieht sich durch das ganze Leben. Unvorhersehbare Schicksalsschläge können das Leben in ganz neue Bahnen leiten und die Persönlichkeit in einem schmerzhaften Prozeß reifen lassen. Die gegenwärtige Befindlichkeit kann durch vieles beeinflußt werden:

- Kindheitserlebnisse
- Familiensituation
- unvorhergesehene Ereignisse
- aktuelle gespannte Beziehungen

Das *Elternhaus* prägt ein Kind sicherlich nachhaltig. Niemand kann sich seine Familie und damit den Einfluß, dem es ausgesetzt sein wird, auswählen. Ein Flüchtlingskind im Heim für Asylbewerber beginnt den Lebenskampf unter anderen Voraussetzungen als ein wohlbehütetes Wunschkind in einem Villenviertel. Ein Bauernkind, das schon früh mitarbeiten muß, wird anders geformt als ein Einzelkind, dessen Mutter viel Zeit nur ihm widmet. So wird es für die Entwicklung des Kindes nicht gleichgültig sein, in welches Milieu es hineingeboren wird.

Auch den Einfluß durch die *Erziehung* der Eltern darf man nicht unterschätzen. Die Reaktionen der Eltern können ein Kind hemmen oder aufblühen lassen, unterstützen oder einengen. So vieles hängt in der Tat von den Erfahrungen ab, die es in seiner Kindheit sammelt. Erfährt es Geborgenheit, Fürsorge und Wärme? Genießt es die Sicherheit von Grenzen durch eine konsequente Erziehung? Oder widerfährt ihm Ablehnung, Gewalt oder gar sexueller Mißbrauch? Wird es verwöhnt oder »in Watte gepackt«?

Aber auch andere Faktoren wirken auf die reifende Persönlichkeit ein. Es ergibt einen großen Unterschied, ob man als Mann oder Frau durchs Leben geht. Trotz der gesetzlich festgelegten Gleichstellung kann man *organische Unterschiede der beiden Geschlechter* nicht wegdiskutieren. Mädchen und Jungen werden sich aufgrund der angeborenen Unterschiede verschieden entwickeln. Zahlreiche Untersuchungen weisen auch darauf hin, daß Eltern und Lehrer sich Mädchen und Jungen gegenüber unterschiedlich verhalten. Jungen genießen mehr Freiheiten und werden in der Schule öfters aufgerufen als Mädchen.[6] Beim Erfüllen der Lebensaufgaben werden sich automatisch unterschiedliche Schwerpunkte ergeben. Für die Frauen beansprucht die Mutterschaft einen großen Teil ihrer Kräfte, während die Männer sich eher auf den Beruf außerhalb des Hauses ausrichten. Da diese Arbeit höher bewertet wird, wird es für Mädchen schwieriger sein, ein gesundes Selbstwertgefühl zu entwickeln.

Auch der *Platz in der Geschwisterreihe prägt* ein Kind. Eine Familie besteht aus einem fein gesponnenen Beziehungsnetz. Darin hat jedes Mitglied seinen eigenen Platz und eine bestimmte Rolle, die es unbewußt übernimmt. Ein Erstgeborenes hat seine Eltern zuerst ganz für sich allein. Es erhält alle Zuwendung, ist der Mittelpunkt und Stolz seiner Eltern, bis es dann plötzlich von einem kleinen Rivalen entthront wird. Das zweite Kind wird von Anfang an andere Rahmenbedingungen vorfinden. Ein Einzelkind wird ganz anders in seine Familie eingebunden werden als das jüngste von mehreren Geschwistern, denn diese werden es miterziehen. Meine beiden älteren Söhne machen da keine Ausnahme: »Mami, wenn du diesem Kleinen alles durchgehen läßt, müssen wir ihn erziehen«, mahnen sie mich hin und wieder und übernehmen die Erziehung auf ihre Weise, was vom kleinen Nachzügler meist mit lautem Geschrei quittiert wird.

Die verschiedenen Einflüsse aus der Umwelt werden die Persönlichkeit also stark mitprägen.

Wird die Zukunft wirklich durch sehr frühe Kindheitserlebnisse entschieden, wie das die Tiefenpsychologie lehrt? Vor allem in der neueren amerikanischen Fachliteratur wird diese Theorie hinterfragt. Die beiden Harvard-Professoren Jerome Kagan und Robert Kegan sorgten mit ihren Studien für Aufregung unter Fachleuten und für Erleichterung bei den Eltern. So schreibt Professor Kegan in seinem wegweisenden Buch »Die Entwicklungsstufen des Selbst«:

»Auch ein neo-piagetischer Ansatz[7] mißt der frühen Kindheit
große Bedeutung bei, ohne ihr aber gegenüber anderen Phasen
im Lebenszyklus eine qualitativ andere Stellung einzuräu-
men ... Natürlich ist es richtig, daß die Kindheit den Aus-
gangspunkt der Entwicklungsgeschichte bildet. Folglich können in der Kindheit Themen aufkommen, die sich das ganze
Leben über verfolgen lassen, und die Kindheit kann die bedeu-
tungsbildende Aktivität des Menschen nachhaltig und for-
mend beeinflussen. Den ersten Lebensjahren kommt tatsächlich eine Vorrangstellung zu, aber nicht ihnen allein.«[8]
Die frühe Kindheit ist nicht die einzige prägende Phase des menschlichen Lebens. Auch spätere Ereignisse werden die Reifung der Persönlichkeit mitprägen. Der Tod eines Elternteiles oder Geschwisters,
die Scheidung der Eltern, Erfolg oder Mißerfolg in der Schule oder
auch die soziale Umgebung werden ihre Spuren im kindlichen Seelenleben hinterlassen. Die erste Beziehung, die von Mutter und
Kind, mag sehr wichtig für die spätere Beziehungsfähigkeit sein,
doch sie ist nicht das Schicksal des Menschen. Die amerikanischen
Forscher stellten der psychoanalytischen Lehre, die sehr frühe Kindheitserlebnisse für die Prägung des Charakters verantwortlich
macht, den neuen Begriff des »Elastic Mind« gegenüber. Damit drük-
ken sie aus, daß die Persönlichkeit des Menschen nicht das unverän-
derbare Produkt seiner frühen Kindheit ist, der Mensch nicht ein
Gefangener seiner Vergangenheit. Wie eine Pflanze, die sich nach
dem Sturm wieder aufrichtet und sich der Sonne entgegenstreckt,
so kann auch ein Kind durch menschliche Wärme wieder erstarken.
Ein Kind ist viel widerstandsfähiger und belastbarer, als bisher angenommen wurde, lautet ihre These. Selbst schwere Belastungen können im Laufe des Lebens wieder ausgeglichen werden, wenn der
Mensch in eine günstigere Umgebung kommt. Lernen ist ein lebens-
langer Prozeß.[9]
    Auch in Europa wurden in den letzten Jahren kritische Stimmen
gegen die Traumatheorie Freuds wach. Das Zürcher Forscherteam
Cecile Ernst und Niklaus von Luckner widerlegen auf Grund von Er-
gebnissen vieler empirischer Studien die Hauptthesen der Tiefenpsychologie.[10]

Abb. 7.2: Argumente gegen die Hauptthesen der Tiefenpsychologie nach Cecile Ernst und Niklaus von Luckner

1. **Behauptung:** Die Trennung oder Ablehnung durch die Mutter im frühesten Kindesalter führt zu besonders schwerwiegenden seelischen Verletzungen.

   Entgegnung: »Diese These beachtet nicht, daß sich ein situationsüberdauerndes Gedächtnis entwickelt haben muß, damit die Trennung von der Mutter überhaupt erinnert werden kann. Neuere Forschungsarbeiten über die Entwicklung der Wahrnehmung bezweifeln diese Fähigkeit in den ersten Lebensmonaten. Wahrscheinlich ist ein solches Gedächtnis erst mit 7-8 Monaten entwickelt, wenn das Kind bekannte und unbekannte Gesichter differenzieren kann und zu fremdeln beginnt.

2. **Behauptung:** Es gibt eine kritische Phase, in der das Kleinkind eine einzige konstante Bezugsperson braucht.

   Entgegnung: Studien mit Adoptivkindern belegen, daß diese trotz Heimaufenthalten in der frühen Kindheit in einer liebevollen Umgebung normale Beziehungsmuster lernten und sich nicht von einer Kontrollgruppe unterschieden. Hingegen zeigten Kinder, die nach einem Heimaufenthalt in ihr ursprüngliches, oft schwieriges Milieu zurückkehrten, deutlich mehr Beziehungsprobleme. Anscheinend kann auch Beziehungsfähigkeit nachgelernt werden.

3. **Behauptung:** Die Persönlichkeit kann in der frühen Kindheit durch Umwelteinflüsse dauerhaft verändert werden:

   Entgegnung: Auch diese These können die Schweizer Autoren nicht unterstützen. Ihre Langzeitstudie weist auf die folgenden Punkte hin:

   - Auf Grund seiner genetischen Veranlagung modifiziert ein Kind vom ersten Tag an aktiv das Verhalten seiner Umgebung. Es ist nicht nur passiver Empfänger oder gar Opfer, sondern es steht in ständiger Wechselwirkung mit seiner Umgebung.
   - Eine bestimmte Entwicklungsstufe kann unter ganz unterschiedlichen Umweltbedingungen erreicht werden. Diese autonome Entwicklung bestimmter Fähigkeiten gilt vor allem für die frühe Kindheit.
   - Frühe Erfahrungen hinterlassen nur dann bleibende Spuren, wenn sie durch spätere gleichartige Erfahrungen immer wieder verstärkt werden. Eine gestörte psychische Entwicklung ist nicht das Resultat früher, sondern kontinuierlicher Erfahrung; frühes soziales Lernen ist nicht wirksamer als späteres.
   - Eine Kindheit unter günstigen Bedingungen kann nicht vollständig vor späteren psychischen Schwierigkeiten schützen, noch zieht eine schwierige Kindheit immer psychische Probleme nach sich. Natürlich ist ein intaktes Elternhaus eine bessere Voraussetzung zur Bewältigung des Lebens, als zerrüttete Verhältnisse. Aber niemand, auch nicht die besten Eltern haben eine Garantie, daß ihre Kinder sich wunschgemäß entfalten.

Mütter können also aufatmen. Auch wenn Mama ihre Familie krankheitshalber für längere Zeit verlassen muß, fügt das dem Kind nicht unbedingt einen dauerhaften Schaden zu. Vielleicht wird es dadurch auch stärker, denn es lernt, auf eigenen Beinen zu stehen.

Wenn man von einem schädigenden Einfluß der Mutter spricht, sind damit nicht kleinere Unstimmigkeiten gemeint, sondern massive, langandauernde Belastungen. Aber selbst dann besteht eine große Chance, daß das Kind sein Leben trotzdem meistert.

Eine Untersuchung von 5000 Kindern aus Alkoholikerfamilien zeigte, daß 28 % keine körperlichen und seelischen Schäden aufwiesen. Eine andere Arbeit bestätigte, daß in Familien, in denen beide Elternteile manifest psychisch krank und die kleinen Kinder dadurch äußersten Belastungen ausgesetzt waren, noch immer 30 % der Kinder ohne jede Verhaltensauffälligkeit blieben. Ähnliches traf auch auf Familien zu, in denen Kinder brutal geschlagen wurden. Man findet hier das erschütternde, jedoch erwartete Ergebnis, daß zwei Drittel der Kinder unter Verhaltensproblemen leiden. Überraschenderweise entwickeln sich aber doch ein Drittel der Kinder selbst unter diesen extremen Bedingungen normal oder gar besser als der Durchschnitt.[11]

Vor 40 Jahren hätte wohl niemand daran gedacht, daß der kleine Billy Clinton einmal Präsident der Vereinigten Staaten werden könnte. Als Sohn eines heruntergekommenen Alkoholikers waren seine Aussichten auf Erfolg nicht rosig. Aber mit seinem starken Willen und einem unermüdlichen Ehrgeiz schaffte er es trotzdem an die Spitze einer Weltmacht. Bestimmt fehlt ihm noch heute die feste Grundlage eines stabilen Elternhauses. Aber er hat trotzdem erstaunlich viel aus seinem Leben gemacht.

In einem wegweisenden Buch zeigt Hansjörg Hemminger anhand verschiedenster Beispiele, daß Kindheitserlebnisse allein nicht das Leben vorprogrammieren, und faßt zusammen, was man auch im alltäglichen Miteinander beobachten kann:

»Ein Kind aus einer problematischen Familie beginnt seine Selbständigkeit mit einem geringeren Kapital an guten Gewohnheiten, hilfreichen Denkweisen und angemessenen Gefühlsreaktionen als ein anderes ... Die Langzeitstudien zeigten uns Kinder,

die mit einem harten Schicksal fertig wurden und daran reiften;
sie zeigten uns andere, die nach einer behüteten Kindheit an ihrer
Weigerung zerbrachen, selbständig zu werden. Es gab diejenigen
Menschen, die das Kapital ihrer guten Kindheit gut anlegten,
und jene anderen, die die Konflikte nicht lösen konnten, in der sie
seit ihrer belasteten Kindheit verstrickt waren.«[12]

Die Zukunft läßt sich nicht vorhersagen. Dies zeigt uns auch das
Schicksal von Doris und Silvia. Trotz widriger Umstände meisterten
die Kinder von Doris das Leben erstaunlich gut. Vielleicht merkten
sie intuitiv, daß ihre Mutter es gut mit ihnen meinte und daß ihre
Temperamentsausbrüche ein Zeichen ihrer Schwäche waren. Beide
zerbrachen nicht an den Problemen ihrer Eltern, sondern wuchsen
zu stabilen Menschen heran.

3. Reaktionen: Ich bestimme mein Schicksal

Neben Anlage und Umwelt formen die eigenen Reaktionen als dritte Kraft das Leben. Kein Kind ist der Bestimmung seiner Gene und
den Forderungen seiner Umwelt hilflos ausgeliefert. Gott hat jedem
Menschen eine ausreichende Portion eigenen Willen mitgegeben.
So sind auch winzige Babies nicht nur einfach passive Empfänger
der mütterlichen Fürsorge, sondern beeinflussen sie durch ihr strah-
lendes Lächeln oder ihr ausdauerndes Weinen ebenfalls. Sie sind
auch nicht nur Opfer ihrer überstarken Mütter, sondern mit einer
vitalen Überlebenskraft ausgerüstet. Auch äußerlich hilflose Babies
oder Kleinkinder können mit ihrem kräftigen Stimmorgan einer
Mutter erstaunlich zusetzen. Von Anfang an stehen sie in aktiver
Auseinandersetzung mit den vielen Reizen und Erfahrungen, die
auf sie einstürzen. Ihre Willenskraft wächst erstaunlich schnell, und
bald schon bringen sie ihre Meinung lautstark zum Ausdruck. Ihre
Reaktionen auf die Umwelt sind nicht vorprogrammiert, sie können
in wachsendem Maße zwischen gut und böse wählen.

Alfred Adler beschreibt die eigene Verantwortlichkeit einmal
sehr eindrücklich:

»Es kommt nicht darauf an, was einer mitbringt, sondern was er daraus macht ... Auf diese Weise ist jeder Mensch Bild und Künstler zugleich. Er ist der Künstler seiner eigenen Persönlichkeit, aber als Künstler ist er weder ein unfehlbarer Gestalter noch eine Person, die ihren Leib und ihre Seele voll und ganz versteht. Er ist vielmehr ein schwaches, äußerst fehlbares, unvollkommenes menschliches Wesen.«[13]

Mütter und Kinder sind also nicht perfekte, unfehlbare Überwesen, sie dürfen und werden Fehler machen. Es liegt in Gottes Plan, daß er keine willenlosen Roboter schuf, die automatisch das Richtige wählen. Auch wir selbst und unsere Kinder leben in dieser Freiheit und tragen die Folgen.

Um Willensfreiheit geht es auch bei Silvias Sohn aus der eingangs geschilderten Familie. Es war nicht seine Mutter, die ihn in diese Jugendbande drängte, und es war nicht ihre Schuld, daß er seine Kameraden nicht in einem Sportverein oder in einer Jugendgruppe suchte. Vielleicht empfand er sein Elternhaus als zu eng, zu geordnet, zu langweilig, und er wollte ausbrechen und so leben, wie es ihm gefiel. Vielleicht kam er neben seiner auffälligen Schwester tatsächlich etwas zu kurz und wollte unbewußt durch sein Verhalten die Aufmerksamkeit seiner Eltern auf sich lenken. Oder er wollte in einem Machtkampf seinen Eltern beweisen, daß er ihre Ratschläge nicht brauchte. Jedenfalls war er es, der seine Wahl traf und auch die Konsequenzen für sein Handeln tragen mußte.

Silvia reagierte zuerst mit dem typischen Schuldreflex und suchte die Ursachen für die Probleme ihres Sohnes bei sich. Doch dann reifte auch bei ihr eine Entscheidung: Sie ließ ihren Jungen innerlich los, stoppte ihre Vorwürfe und machte ihm klar, daß er sein Handeln verantworten müsse und für eventuelle Schäden selbst hafte. Sie ließ ihn aber auch wissen, daß er daheim immer willkommen sei. So entspannte sich die Lage allmählich. Nach einiger Zeit brachte er seine Kumpels mit nach Hause, und so saßen die Jungs mit ihren kurzgeschorenen Haaren, den schwarzen Lederjacken und den Heavy-metal-T-Shirts mit am Tisch. Nur eine Regel hielt Silvia eisern durch: Schnapsflaschen und Zigarettenpackungen mußten draußen bleiben, und sie weigerte sich, T-Shirts mit den okkulten Symbolen zu waschen.

Diese Zeit war für Silvia nicht leicht. Es war ein Hoffen und Bangen, und sie lernte ganz neu auf Gott zu vertrauen. Es schmerzte, wenn sie in der Gemeinde die wohlgeratenen Söhne anderer Familien sah und fragende Blicke auf sich gerichtet fühlte. Ihr Sohn hatte der Gemeinde den Rücken gekehrt und wollte mit den »frommen Heuchlern«, wie er sie nannte, nichts mehr zu tun haben. War dies ihre Schuld? Nein! Er hatte diese Entscheidung getroffen! Natürlich schmerzte es sie zutiefst. Aber sollte sie ihn deshalb verstoßen?

Anlage und Umwelt machen den Menschen nicht zum hilflosen Opfer seiner Lebensumstände. Sein Denken, Wollen und Handeln trägt maßgeblich dazu bei, welche Auswirkungen ein Ereignis auf seine Psyche hat.

Es ist interessant, wie unterschiedlich Geschwister ihr Elternhaus schildern. Der eine schaut zufrieden auf eine glückliche Jugendzeit zurück. Der andere fühlt sich von denselben Eltern nicht angenommen, ungerecht behandelt und verletzt. Haben sie ihre Kinder tatsächlich so unterschiedlich erzogen?

Neuere Studien zeigen, daß unser Gedächtnis sehr von der aktuellen Gemütslage abhängig ist. In einer breit angelegten Umfrage wurde festgestellt, daß depressive Frauen ihre Eltern häufiger als lieblos, strafend und schuldauslösend beschrieben. Wenn es ihnen wieder besser ging, hellte sich ihr ganzes Weltbild von selbst wieder auf, und sie sahen auch ihre Vergangenheit in freundlicheren Farben. Die Autoren schließen daraus, daß viele Therapeuten die negativen Kindheitserinnerungen falsch interpretieren, wenn sie übersehen, daß diese sehr stark von der depressiven Grundstimmung der Klienten gefärbt werden.[14] Viele Fallgeschichten, die den verheerenden Einfluß der Mutter illustrieren sollen, stammen von Menschen, deren Wahrnehmung durch die eigenen Probleme verdunkelt war und nur negative Erinnerungen an die Oberfläche vordringen ließ. Über das objektive Verhalten der Mutter ist damit noch wenig ausgesagt.

In der Bibel finden wir nirgends das psychoanalytisch gefärbte Denken unserer Zeit, daß die Eltern für das Verhalten der Kinder haftbar macht. Jede Generation trägt die Verantwortung für ihre Handlungen selbst und kann sich nicht durch die Fehler der Vorfahren entschuldigen. Der Prophet Jeremia bekräftigt diesen Gedanken mit einem Bild: »Zu derselben Zeit wird man nicht mehr sagen: ›Die Väter haben saure Trauben gegessen, und den Kindern sind die Zähne stumpf geworden‹, sondern jeder wird um seiner Schuld willen sterben, und wer saure Trauben gegessen hat, dem sollen die Zähne stumpf werden.«[15]

Die Geschichte von Josef zeigt, was Eigenverantwortlichkeit aus einem Leben machen kann. Josef hatte allen Grund zum Hadern. Schon früh starb seine Mutter. Seine zehn Halbbrüder haßten ihn, weil sein Vater ihn verwöhnte. Aus Eifersucht verkauften sie ihn an Sklavenhändler und belogen ihren Vater kaltblütig, indem sie sagten, Josef sei von einem Tier gerissen worden.

Kann aus dem armen mutterlosen Jungen etwas werden? Vom Vater verwöhnt, von den Brüdern gehaßt und schließlich in die Sklaverei verkauft – müssen ihn diese Traumata nicht seelisch verkrüppeln lassen?

Wie durch ein Wunder geschah das Gegenteil: Josef wurde durch sein Erleben stark. Niemand konnte ihm seine Beziehung zu Gott rauben, niemand ihn von Gottes Liebe wegreißen. Durch seine schwierigen Erfahrungen erlebte er Gottes Kraft nur um so stärker. Als er sich seinen Brüdern zu erkennen gab, beruhigte er ihre Angst vor seiner Rache mit den folgenden Worten: »Erschreckt nicht und macht euch keine Vorwürfe deswegen. Gott hat mich hierher nach Ägypten gebracht, um euer Leben zu retten.«[16] Die Schuld des Vaters und der Brüder wurde durch Gottes Gnade durchbrochen. Sie hatten Böses im Sinn, doch er ließ in der Wüste ihres Versagens die Blumen seiner Kraft blühen.

Ist das nicht auch unsere Hoffnung für unsere Kinder, daß Gott aus unseren Fehlern Gutes wachsen läßt?

8. Kapitel

Was Mütter wirklich denken

Wie schuldig fühlen sich Mütter wirklich? Welche Auswirkungen hat das Trommelfeuer von Vorwürfen auf ihre Psyche?

Die Antwort auf diese Fragen wollte ich durch eine Umfrage in Erfahrung bringen. Anfangs war es gar nicht leicht, Freiwillige zu finden. Wer gibt schon gerne zu, daß er sich hin und wieder schuldig oder gar als Versager fühlt? Zuerst tröpfelten die ausgefüllten Fragebogen nur zögernd herein, doch schließlich erreichten sie zu meiner Freude die beachtliche Zahl von 80.[1]

Die Auswertung war ernüchternd. Nur eine Mutter war völlig frei von Schuldgefühlen. Alle anderen fühlten sich mehr oder weniger schuldig für die Fehler ihrer Kinder.

Warum nehmen Frauen soviel Schuld auf sich? wollte ich wissen. In der Studie untersuchte ich drei mögliche Ursachen:

- das Elternhaus,
- die gegenwärtige Situation,
- das Verhalten der Kinder.

Auf den folgenden Seiten werde ich Ihnen einige Ergebnisse beschreiben. Vielleicht helfen sie Ihnen bei der Einschätzung Ihrer eigenen Situation.

Doch zuerst ein kleiner Test:

Wie schuldig fühlen Sie sich? Vielleicht möchten Sie Ihre Schuldgefühle auch bestimmen. Deshalb füge ich einen Teil des Fragebogens ein. Bewerten Sie die 20 Situationen wie folgt: sehr schuldig = 3 Punkte, mittel = 2, etwas schuldig = 1 und gar nicht schuldig = 0. Kreuzen Sie aber nur jene Bereiche an, die für Ihre Kinder zutreffen. Sie finden Ihren »Schuldindex«, wenn Sie zuletzt alles zusammenzählen und die Summe durch die Anzahl der bewerteten Situationen teilen.

Tab. 8-1: Test zur Selbsteinschätzung von Schuldgefühlen

Situation	Schuldgefühle			
Mein Kind . . .	stark	mittel	wenig	keine
1. schreit im Supermarkt				
2. erbringt schlechte Schulleistungen				
3. ist unhöflich				
4. schlägt andere Kinder				
5. ist unehrlich				
6. ist ungehorsam in Gegenwart anderer				
7. hat Schlafstörungen				
8. ist zurückgezogen und unnahbar				
9. hat Angstzustände				
10. ist trotzig				
11. übertritt das Gesetz				
12. ist aggressiv				
13. ist Bettnässer/in				
14. ist faul und unordentlich				
15. wendet sich vom Elternhaus ab				
16. macht mir Vorwürfe				
17. hat schlechte Freunde				
18. braucht Therapie				
19. ist egoistisch				
20. ist behindert				

1. Welchen Einfluß haben die aktuellen Lebensumstände auf die Schuldgefühle der Mutter?

Erstaunlicherweise wenig! Das Alter und die soziale Schicht der Mutter, das Alter und das Geschlecht der Kinder zeigten keinen Zusammenhang mit der Intensität von Schuldgefühlen. Einzig der Zivilstand drückte auf die Gemütslage der befragten Mütter.

Doch betrachten wir die einzelnen Bereiche genauer.

a) Alter und soziale Schicht der Mutter

Für Schuldgefühle gibt es keine Altersgrenzen. Keine Altersgruppe zeichnete sich durch besonders hohe oder niedrige Schuldgefühle aus. Die Gründe für diesen negativen Befund sind vielfältig. Wesentlich scheint mir, daß die Lebensläufe der Mütter sehr verschieden sind. Manche Frauen werden sehr früh schwanger, andere hingegen fast am Ende ihrer Fruchtbarkeitsperiode. So läßt die Altersangabe keine allgemeinen Schlüsse zu.

Auch die soziale Schicht, zu der eine Mutter gehört, steht in keinem Zusammenhang mit ihren Schuldgefühlen. Die Höhe des Bankkontos beeinflußt das Gewissen nicht. Allenfalls könnten dann größere Schuldgefühle auftreten, wenn eine Frau durch Heirat (oder Scheidung) in eine andere Schicht gewechselt hat, und sie sich den neuen Anforderungen nicht gewachsen fühlt.

b) Zivilstand

Verheiratet, verwitwet oder geschieden – der Zivilstand hat deutliche Auswirkungen auf die Stärke von Schuldgefühlen. Alleinerziehende Mütter fühlen sich schuldiger als Verheiratete. Anscheinend wirkt sich das Zusammenleben in einer Ehe stabilisierend auf das allgemeine Befinden aus und verringert damit auch die Schuldgefühle.

Alleinerziehende Mütter stehen größeren Schwierigkeiten gegenüber. Die Verantwortung für ihre Kinder liegt allein bei ihnen. Daneben sind sie in ihrer Umgebung höheren Erwartungen und größeren Vorurteilen ausgesetzt. Die vielfältigen Anforderungen durch Erziehung und Berufstätigkeit bringen sie immer wieder ans Ende ihrer Kraft.[2] Ideal und Wirklichkeit klaffen in stärkerem Maße auseinander als bei intakten Familien. Zwei alleinerziehende Mütter bestätigen dies auf dem Fragebogen:

»Ich bin vor zwanzig Jahren Alleinerziehende geworden. Damals herrschte noch viel mehr Verurteilung, Schuldzuweisung und Ausgrenzung. Obwohl ich dies wählte, habe ich sehr darunter gelitten.«

»Seit der Scheidung vor 5 Jahren habe ich zunehmende Probleme mit der Tochter: Sie macht mir Vorwürfe und fühlt sich mehr zum Vater hingezogen, der wieder verheiratet ist und ein Baby hat.«

Daß Alleinerziehende unter mehr Schuldgefühlen leiden, heißt noch nicht, daß sie sich auch häufiger schuldig machen. Im nächsten Teil des Buches werden wir diesen Unterschied gründlicher betrachten. Das letzte, was Alleinerziehende brauchen, sind Schuldzuweisungen von außen. Gerade sie sind besonders auf Ermutigung und Verständnis angewiesen.

c) Alter der Kinder

Eigentlich hatte ich erwartet, daß Mütter von Teenagerkindern, über deren Verhalten doch immer geklagt wird, mehr Schuldgefühle empfinden als die anderen. Doch meine Studie bestätigte dies nicht. Die Belastungen durch die Kindererziehung und die begleitenden Schuldgefühle sind anscheinend während der ganzen Zeit der Kinderbetreuung konstant und hängen nicht von den unterschiedlichen Entwicklungsphasen der Kinder ab.

Nur die Gruppe der *Mütter mit erwachsenen Kindern* zeigte eine Tendenz zu erhöhten Schuldgefühlen. Eine 55jährige Mutter beschreibt dies mit den folgenden Worten:

»Als die Kinder klein waren, hatte ich soviel Arbeit mit all den Tageskindern und den unsrigen, daß ich keine Zeit fand, über Schuld nachzudenken. Jetzt erst denke ich darüber nach, und es kommen Schuldgefühle hoch. Ich mache mir Vorwürfe und denke, ich hätte doch dies und jenes anders machen sollen. Man wollte ja immer das Beste für das Kind und macht doch immer wieder Fehler.«

Veränderte Erziehungsideale sind ein wichtiger Grund für vermehrte Selbstvorwürfe älterer Mütter. Früher warnte man z.B. vor jeglicher Verwöhnung der Kinder. Säuglinge soll man ruhig weinen lassen, das stärkt ihre Lungen, hieß es. Wenn man sie immer sofort aufnimmt und stillt, führt das zur Verweichlichung. Gehorsam hielten sich viele Mütter zurück. Aus Liebe, dachten sie. Heute wird einem schon im Krankenhaus eingetrichtert, daß man Kleinkinder gar nicht verwöhnen könne. Das Schreienlassen werde beim Baby zu Verlassenheitsgefühlen und Ängsten führen. Rückblickend muß nun manche ältere Mutter sehen, daß ihre Erziehungsmethoden nicht dem heutigen Ideal entsprechen. Die Vorwürfe der erwachsenen Kinder unterstreichen noch die schmerzliche Einsicht, so vieles falsch gemacht zu haben.

2. Wie beinflußt das Elternhaus die Stärke der Schuldgefühle?

Das Elternhaus wirft seinen Schatten bis ins gegenwärtige Gefühlsleben! Was wir dort erlebt und gelernt haben, beeinflußt heute noch unser Empfinden von Schuld.

a) Soziale Schicht

Frauen aus bessergestellten Familien (Akademiker, Geschäftsleute) fühlten sich schuldiger als jene aus Handwerker und Arbeiterkreisen.

Ich sehe dafür drei Gründe:

In manchen bessergestellten Familien herrscht ein größerer *Leistungsdruck.* Die Kinder sollen das Niveau der Eltern halten und mindestens ebenso gute Schulleistungen wie sie erbringen. Dies kann zur konstanten Überforderung führen. Oftmals wird auch mehr Wert auf korrektes äußeres Verhalten gelegt, und die Kinder fühlen sich dadurch eher eingeengt.

Andererseits besteht daneben ein größerer Hang zu einem *verwöhnenden Erziehungsstil.* Diese Familien können sich finanziell mehr leisten und ihren Kindern mehr bieten. Sie müssen sich in der Außenwelt nicht so durchsetzen wie ihre Kameraden aus ärmeren Elternhäusern. Gutgestellte Eltern nehmen eher Einfluß auf die Schule und können ihren Kindern effektiver helfen. Ihr großes Engagement kann für die Kinder aber auch zur Bürde werden. Sie steigen weniger abgehärtet in die Kampfarena des Lebens. Außerdem stehen sie unter erhöhtem Druck, ihren Kindern dieselbe Fürsorge geben zu müssen.

Gebildete Mütter haben oft *höhere Erziehungsideale.* Sie lesen mehr pädagogische Literatur und werden auf Fehler aufmerksam, die andere nicht bemerken. Die Erwartungen an sich selber steigen, die Kluft zwischen Ideal und Wirklichkeit vergrößert sich, und mit ihr die Schuldgefühle.

b) Die Geschwisterposition

Für das spätere Leben ist es nicht gleichgültig, ob man als ältestes, jüngstes oder mittleres Kind in eine Familie geboren wird. Die folgende Abbildung zeigt, daß die Familienposition auch die Schuldgefühle beeinflußt.

Abb. 8.2: Familienposition und Schuldgefühle

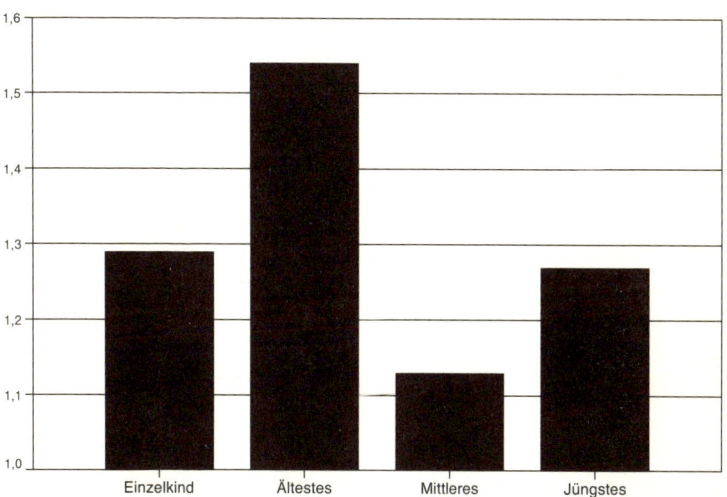

Erstaunlicherweise leiden Frauen, die als *mittleres Kind* aufwuchsen an den geringsten Schuldgefühlen. Ihre Position wird landläufig als die schwierigste eingestuft, denn sie genießen weder den Status des Erstgeborenen noch die Privilegien des Jüngsten. Wie der Käse im Sandwich sind sie dem Druck von oben und unten ausgesetzt. Aber sie haben den Vorteil, daß ihr älteres Geschwister das erste »Versuchskind« der Eltern ist, mit allen dazugehörenden Unsicherheiten. Zwar stehen sie weniger im Mittelpunkt, aber es wird auch weniger von ihnen gefordert. Sie werden seltener überfordert oder verwöhnt, ihre Fehler und Probleme werden von den Eltern gelassener aufgenommen, sie sind weniger Spannungen ausgesetzt.

Einzelkinder und Jüngste haben in der Familiendynamik einiges gemeinsam. Dies zeigt sich auch an auffällig ähnlich starken Schuldgefühlen. Sowohl Einzelkinder als auch Jüngste sind die letzten Kin-

95

der. Manche Mutter genießt (nochmals) bewußt jede Entwicklungs-phase und schenkt ihnen vermehrte Zuwendung. Beide stehen in der Gefahr, daß sie verwöhnt und ängstlich umsorgt werden.

Auf den *ältesten Kindern* lastet die größte Erwartung der Eltern. Sie sind die »Stammhalter« und sollten einmal die Familie weiter-führen. Entsprechend hoch sind die Erwartungen. Die »Entthro-nung« durch die Geschwister erleben sie schmerzlich. Vorher waren sie doch der alleinige Mittelpunkt der kleinen Familie. Und plötzlich bricht so ein kleiner Schreihals ins Leben ein, beansprucht die Mut-ter für sich, drängt einen ins Abseits. Dazu wird sogar noch gefor-dert, daß man zu diesem lästigen Bündel nett sein soll. Später wird den ältesten oftmals die Fürsorge für die jüngeren Geschwister übertragen. Bei Streitereien schiebt man ihnen vielfach die Verant-wortung zu, schließlich seien sie verständiger und stärker als die Ge-schwister und müßten deshalb Rücksicht nehmen. So ist es nicht er-staunlich, wenn sie sich auch später überdurchschnittlich für ihre Kinder verantwortlich fühlen und entsprechende Schuldgefühle entwickeln.

c) Familieneigenschaften

Die Atmosphäre im Elternhaus färbt auf die aktuelle Gefühlslage ab. Mütter aus *ermutigenden, kreativen, toleranten, partnerschaftli-chen* und auch *strengen* Elternhäusern haben die geringsten Schuld-gefühle. Eine Erziehung, die diese Eigenschaften betont, stärkt das Selbstwertgefühl und vermindert dadurch Schuldgefühle.

Aber auch Mütter, die ihre Ursprungsfamilie als *drohend, kritisie-rend, erniedrigend* und *fordernd* erlebten, zeigen weniger Schuldge-fühle. Warum wohl?

Mütter aus schwierigen Verhältnissen können ihren Kindern mehr bieten, als sie selbst empfingen. In ihrer »privaten Bilanz« schneiden sie besser ab als ihre Kolleginnen aus guten Familien. Eine Mutter, die die Atmosphäre ihrer Herkunftsfamilie als *streng, ge-spannt, strafend, erniedrigend* und *drohend* beschrieb, zeigte keinerlei Schuldgefühle. Ihre Erklärung:

»Unser Vater hat uns alle terrorisiert, geschlagen und wochen-lang nichts geredet. Unsere beiden Töchter sind nun erwachsen und sind zwei liebenswürdige junge Menschen. Die Aggressionen in der pubertären Phase konnten sie ausleben in Diskussionen und auch in Wutausbrüchen. Weitere Unannehmlichkeiten hatten wir mit ihnen nicht.«

Diese Frau nennt einen weiteren wichtigen Grund für die Stärke des Schuldgefühls: das aktuelle Verhalten der Kinder.

Bei Müttern, die ihre Familie als *rücksichtsvoll, überbehütend* oder *einengend* beschrieben, fand ich Schuldgefühle in mittlerer Stärke. Diese Eigenschaften weisen auf einen verwöhnenden Erziehungsstil hin. Als Kinder mußten diese Mütter nicht gegen Widerstände und widrige Umstände ankämpfen. Schwierigkeiten wurden liebevoll aus dem Weg geräumt. Dadurch sind sie schlechter auf die Bewältigung von Problemen vorbereitet. In diesen Familien wurde wahrscheinlich aktiv-aggressives Verhalten weniger toleriert: Man mußte lieb sein, um anzukommen. Dadurch neigen die Kinder eher zu passiven Reaktionen, zu denen auch Schuldgefühle gehören.

Am schuldigsten fühlten sich Frauen mit den Familieneigenschaften *distanziert, leistungsorientiert, strafend*. Diese Mütter erlebten als Kinder wenig positive Zuwendung, wenig Bindung, wenig Sicherheit. Immer wieder merkten sie, daß sie nicht gut genug waren, daß man sie nur wegen ihrer Leistung beachtete und daß sie letztlich den Anforderungen nicht genügen konnten. Schon früh erfuhren sie, daß die Welt fordernd, kalt, gefährlich und unsicher ist. Wenn man sich als Versager betrachtet, sind Schuldgefühle fast vorprogrammiert.

3. Wie erzeugen Kinder bei den Müttern Schuldgefühle?

Kindliches Verhalten bringt die Gefühle der Mütter zum Klingen. Wer kennt nicht die warmen Gefühle, die uns durchströmen, wenn ein Kleinkind sich vertrauensvoll ankuschelt, wenn der Sohn stolz ein gutes Zeugnis nach Hause bringt oder die Tochter als Leiterin in der Jugendarbeit zum Vorbild wird. Ebenso stark drückt schlechtes Verhalten der Kinder auf unser Seelenleben. Die folgende Tabelle zeigt, wie Verhaltensweisen der Kinder und Schuldgefühle der Mütter zusammenspielen.

Tabelle 8.3: Unterschiedliche Schuldgefühle bei unerwünschtem aktivem Verhalten und unerwünschten Schwächen und passiven Verhaltensweisen

unerwünschtes aktives Verhalten (durchschnittlicher Schuldindex = 1,40)		unerwünschte Schwächen und passive Verhaltensweisen (durchschnittlicher Schuldindex = 1,29)	
Mein Kind . . .		Mein Kind . . .	
– schreit im Supermarkt	0,82	erbringt schlechte Schulleistungen	1,13
– ist trotzig	0,84	– hat Schlafstörungen	1,13
– hat schlechte Freunde	1,13	– ist behindert	1,18
– schlägt andere Kinder	1,27	– ist Bettnässer/in	1,24
– ist ungehorsam in Gegenwart anderer	1,39	– ist faul und unordentlich	1,27
– ist aggressiv	1,39	– ist egoistisch	1,29
– macht mir Vorwürfe	1,61	– hat Angstzustände	1,36
– übertritt das Gesetz	1,64	– braucht Therapie	1,41
– ist unhöflich	1,68	– ist zurückgezogen und unnahbar	1,56
– ist unehrlich	1,74		
– wendet sich vom Elternhaus ab	1,84		

Kindliches Fehlverhalten hat unterschiedliche Wirkungen auf die Mütter. *Altersabhängige Situationen* wie Schreien im Supermarkt oder Trotzreaktionen erhalten die niedrigste Wertung, denn diese treten nur in vorübergehenden Phasen auf. Eine Mutter schreibt dazu:

»Ich denke, daß vieles auch Phasen im Leben eines Kindes sind. Was für ein dreijähriges Kind normal ist, ist bei einem Teenager anders zu bewerten.«

Schwächen und passive Verhaltensweisen lösen weniger Schuldgefühle aus als unerwünschtes aktives Verhalten. Wahrscheinlich ist bei den aktiven Verhaltensweisen der Druck oder die Verurteilung durch die Umgebung größer, als bei passivem Verhalten.

Die *Schuldgefühle von Müttern behinderter Kinder* liegen etwas über dem Durchschnitt. Dies ist verständlich, denn sie sind höheren Anforderungen und mehr Kritik ausgesetzt. Jemand fügte auf dem Fragebogen bei:

»Ich bin Mutter eines POS-Kindes. Noch vor 2-3 Jahren (vor Beginn der Therapie) hätte ich fast alle Situationen mit stark bis mittel bezeichnet.«

Schließlich bestimmt auch die Einschätzung des erzieherischen Einflusses auf die Entwicklung eines Kindes den »Schuldpegel«. Je mehr Verantwortung eine Mutter auf sich lädt, desto eher wird sie sich für das Fehlverhalten ihres Kindes schuldig sprechen. Eine Frau illustrierte dies mit folgenden Worten:

»Ich bin überzeugt, Kinder sind wie ein Spiegel der Eltern. Also sind alle Fehlreaktionen und negativen Verhaltensstörungen auf die Erziehung zurückzuführen!«

Die sehr hohe Erwartung hatte bei dieser Mutter deutliche Folgen: Keine der Mütter, die den Fragebogen ausgefüllt hatten, litt unter so starken Schuldgefühlen wie sie.

Mütter, die sich nicht die ganze Verantwortung für das kindliche Verhalten aufbürdeten, fühlten sich besser, wie die Bemerkungen von anderen Müttern mit deutlich weniger Schuldgefühlen zeigten:

»Ich fühle mich nur dort schuldig, wo ich annehme, daß das Fehlverhalten auch eine Folge meines eigenen Fehlverhaltens ist; z.B. angespannte Atmosphäre – schlechte Konzentration in der Schule. Unterforderung oder Verwöhnung bei Kindern mit speziellen Problemen.«

»Ich fühle mich eigentlich sehr selten schuldig, denn ich erwarte von den Kindern, daß sie für ihr Verhalten geradestehen.«

Wir haben nun viele Fragen aufgeworfen und über komplexe Zusammenhänge nachgedacht. Drei Punkte haben sich dabei herauskristallisiert.

– Die aktuelle Situation der Mütter beeinflußt die Stärke der Schuldgefühle nur beschränkt.
– Schuldgefühle stehen in einem Zusammenhang mit den Lebensumständen in den frühen Kindheitsjahren.
– Schuldgefühle sind abhängig vom Verhalten der Kinder.

Die Frage nach den Ursachen von Schuldgefühlen ist allein aber keine Hilfe. Vielmehr noch interessiert uns der Umgang mit ihnen. Deshalb werde ich im letzten Teil des Buches mit Ihnen über die Überwindung von Schuld und Schuldgefühlen nachdenken.

Teil III

Befreit von Schuld und Schuldgefühlen

9. Kapitel

Schuld ist keine Endstation

»Wenn ich nur wieder von vorne beginnen könnte!« Haben Sie sich das auch schon heimlich gewünscht?

Wenn man doch auch im Skript des Lebens unangenehme Fehler korrigieren, falsche Stellen ausradieren oder dunkle Kapitel der Familiengeschichte neu gestalten könnte! Wieviel einfacher wäre es, wenn man die eigene Familie ohne den Ballast des Elternhauses, ohne negative Vorprägung, ohne erschüttertes Selbstvertrauen, ohne innere Verletzungen, ohne Druck und Vorwürfe gründen könnte – dann würde man bestimmt viel weniger Fehler machen. Dann könnte ich eine gute Mutter sein, und die Kinder würden sich optimal entfalten. Wenn meine Kinder nur aufwachsen könnten ohne den schlechten Einfluß von Mitschülern und Medien, ohne Angst vor Kriegen und Umweltkatastrophen, ohne Leistungsdruck und Schulstreß – dann wäre meine Aufgabe einfacher, und die Chancen ständen gut, daß sie zu liebenswerten und tüchtigen Menschen heranwachsen.

Die Bibel erzählt uns von einem Elternpaar, das unter diesen idealen Bedingungen seine Kinder erziehen konnte. Alles stimmte!

Die beiden waren frei von negativen frühkindlichen Prägungen durch ihre Eltern – sie kannten nur ihren himmlischen Vater, mit dem sie täglich in liebevoller Verbindung waren. Ihre Seele war nicht verletzt durch die ablehnenden Gedanken und Verhaltensweisen ihrer Eltern, sondern sie wußten sich bedingungslos geliebt. Ihr Selbstwertgefühl war nicht beeinträchtigt durch überhöhte Erwartungen und Vorwürfe – nein, sie lebten in vollkommener Harmonie mit sich und ihrem Schöpfer.

Keine körperliche Schwäche, kein schlechtes Milieu, keine ungünstige Geschwisterposition beeinträchtigte ihre Entfaltung.

Sie waren nur verantwortlich für ihr Handeln, ernteten nur die Folgen ihres eigenen Versagens und mußten nicht noch die Fehler ihrer Eltern ausbaden. Für die Aufgaben der Elternschaft waren sie also bestens ausgerüstet, viel besser jedenfalls als wir alle, und doch konnten sie sich nicht an Musterkindern erfreuen. Das Leben ihrer beiden ersten Söhne endete in einer Tragödie. Kain, den Eva vertrauensvoll »mit Hilfe des Herrn geboren« nannte, erschlug in einem Anfall von Eifersucht und Zorn seinen Bruder Abel und mußte als Strafe seine Familie und die »Nähe des Herrn« verlassen. Eva verlor auf einen Schlag beide Söhne.

Wie konnte das nur geschehen? Was hatte das erste Elternpaar nur falsch gemacht?

Geöffnete Augen

Adam und Eva lebten in perfekter Harmonie mit sich selbst, miteinander und mit Gott. Die beiden kannten keine Uneinigkeiten oder Konflikte, keine Selbstzweifel und Schuldgefühle. Als innerlich freie Menschen waren sie keine willenlosen Werkzeuge ihres Schöpfers, sondern durften frei entscheiden, ob sie sich an Gottes einziges Gebot halten wollten oder nicht.

In diesen friedlichen Zustand flüsterte plötzlich die verlockende Stimme der Schlange:

»Hat Gott wirklich gesagt: ›Ihr dürft die Früchte von den Bäumen im Garten nicht essen‹?« »Natürlich dürfen wir sie essen«, erwiderte die Frau, »nur nicht die Früchte von dem Baum in der Mitte des Gartens. Gott hat gesagt: Eßt nicht davon, berührt sie nicht, sonst müßt ihr sterben!« »Glaubt doch das nicht«, sagte die Schlange. »Auf keinen Fall werdet ihr sterben! Aber Gott weiß: Sobald ihr davon eßt, werden euch die Augen aufgehen, und ihr werdet alles wissen, genau wie Gott. Dann werdet ihr euer Leben selbst in die Hand nehmen können.« (1. Mose 3,1–5)

Adam und Eva ließen sich die Augen öffnen. Sie entschieden sich für ein Leben als unabhängige Persönlichkeiten, die frei über ihr Geschick entscheiden und selbst bestimmen, was gut für sie ist. Nicht mehr Gottes Gebote sollten ihr Leben leiten, ihre eigenen Wünsche,

Ideale und Neigungen wurden ihre Richtschnur. Gut ist, was mir gefällt, was für mich stimmt – so hieß das neue Gesetz.

Der Griff nach der verbotenen Frucht veränderte das Leben der ersten Eltern von Grund auf. Ihre Übertretung führte sie augenblicklich in den Zustand der Schuld. Völlig unabhängig von dem, wie sie sich dabei fühlen mochten, waren sie schuldig, Gottes Verbot übertreten zu haben.

Zum ersten Mal erlebten sie den Zwiespalt, den wir als ihre Nachkommen leider alle nur zu gut kennen: nicht so zu sein, wie sie sein sollten. Sie fühlten zwei Mängel, die seither alle Menschen schmerzen: Sie entsprachen weder dem, was Gott in sie hineingelegt hatte, noch ihren eigenen Idealen. Und ihr Gewissen wies sie auf diesen »gefallenen« Zustand, wie die Bibel ihn nennt, eindringlich hin.

Doch auch ihr Gewissen war von diesem Moment an verändert. Es war nun kein untrügliches Instrument mehr, das die Übertretung von Gottes Geboten anzeigte, sondern es war, wie ich später ausführlicher darlegen werde, verzerrt durch ihre subjektive Einschätzung.

Reagierten Adam und Eva auf diese Schuld mit Schuldgefühlen? Oberflächlich gesehen: nein! Ohne Zweifel wußten sie, daß sie Gottes Gebot bewußt übertreten hatten, sie waren schuldig, aber es werden in der biblischen Erzählung keine Schuldgefühle oder Reue beschrieben.

Ihre Augen waren geöffnet, und sie sahen alles, auch einander in einem anderen Licht – und sie schämten sich, daß sie nackt waren. Die Reaktion auf ihre Schuld wirkt fast zu vertraut:
– Sie bedeckten ihre Blöße.
– Sie versteckten sich.
– Sie schoben die Schuld dem anderen zu.

Als zivilisierte Menschen benützen wir keine Feigenblätter mehr zu unserem Schutz. Wir verstecken uns nicht mehr im Unterholz. Aber die Kunst der Verschleierung unserer Schuld haben wir kultiviert und verfeinert und beherrschen sie perfekt.

Schuld oder Schuldgefühl?

Deshalb ist diese altbekannte Geschichte auch für uns heute von brennender Aktualität. Das Paradies ist für immer verschlossen. Auf unserem ganzen Lebensweg begleiten uns die Sehnsucht nach der verlorenen Harmonie, nach der innigen Verbundenheit mit dem Ehepartner und der Wunsch zu wissen, was gut für uns und unsere Lieben ist. Es gibt Momente, da fühlen wir uns heil, zufrieden und geborgen, aber da gibt es auch die Augenblicke, in denen wir unsere Unvollkommenheit schmerzlich spüren.

Die Schöpfungsgeschichte zeigt uns, was auch heute in uns Spannungen erzeugt und in allen Beziehungen mitspielt. Die folgende Abbildung zeigt, wie Schuld und Schuldgefühle zusammenspielen.

Abb. 9.1: Schuldgefühle als mögliche Folge einer Übertretung

Durch eine falsche Verhaltensweise (Sünde), z. B. durch ungerechtes Schlagen eines Kindes, gelangen wir in den Zustand der Schuld. Sofort mahnt uns ein innerer Ankläger, das Gewissen, daß wir nicht im Einklang mit unseren Idealen oder Gottes Geboten sind. Unsere Reaktion auf diese innere Anklage kann verschieden sein: Ärger auf das unartige Kind; Angst, ob ich es verletzt habe; Wut auf mich, weil ich mich nicht genug beherrschen könnte; Schuldgefühle («Jetzt habe ich schon wieder versagt!»). All diese Reaktionen sind Ausdruck des Temperamentes und der Einstellung. Der eine handelt eher aggressiv, ein anderer sucht die Schuld bei sich.

In den folgenden Kapiteln möchte ich mit Ihnen über die Begriffe Schuld, Gewissen und Schuldgefühl ausführlicher nachdenken und Ihnen ein neues Modell der Bewältigung von Schuld vorstellen.

Schuld ist Teil der menschlichen Existenz

Zu allen Zeiten gehörte Schuld zum menschlichen Leben. Völker zogen gegeneinander in den Krieg, die daraus folgenden Hungersnöte und Seuchen brachten Kummer und Leid, Streitigkeiten entzweiten Familien und Nachbarn. Und immer wieder wurde die Frage nach der Schuld gestellt. Schon das römische Rechtswesen kannte den Begriff »culpa«, der die Übertretung eines Gesetzes oder einer Grenze bedeutete und durch Zahlung eines Wehrgeldes oder einer Buße ausgeglichen werden konnte.[1] Im Althochdeutschen findet man den Ausdruck »sculd«, was Verpflichtung oder Leistung heißt oder auch »das, was mangelt oder fehlt«. Die Rechtsprechung kennt bis heute nur einen Weg aus diesem ungenügenden Zustand: Wiedergutmachung und Sühne durch Strafe.

Die Bibel sieht Schuld in einem viel weiteren Zusammenhang und bietet einen ungewöhnlichen Ausweg. Sie fällt zuerst ein vernichtendes Urteil über alle Menschen: »Alle sind schuldig geworden und haben die Herrlichkeit verscherzt, die Gott ihnen geschenkt hatte.«[2] Der Griff nach der verbotenen Frucht der Erkenntnis lastet noch immer auf der Menschheit. Alle sind schuldig. Generation um Generation wird in eine unvollkommene Welt hineingeboren, von fehlbaren Eltern großgezogen und selbst an ihren Kindern wieder schuldig. Niemand ist immer erfüllt von liebevollen Gedanken. Alle sind schuldig. Keiner bleibt vor Fehlern bewahrt. Wenn wir versagen und schuldig werden, ist dies ganz einfach ein Teil unserer menschlichen Existenz.

Die Bibel kennt zwei Ebenen der Schuld:
– die Abkehr von Gott,
– das Übertreten von Gottes Geboten.

Seit dem Sündenfall sieht sie die Menschen in einem grundsätzlich schuldigen Zustand, den man allgemein als »Erbsünde« bezeichnet. Keine noch so liebenswürdige und fürsorgliche Mutter, kein noch so freundlicher und besorgter Vater kann vor Gott bestehen. Der weise Arzt und Seelsorger Paul Tournier faßt dies prägnant zusammen: »Die einzig wahre Schuld ist es, von etwas anderem abhängig zu sein, als nur von Gott allein.«[3] Gleichsam als Kettenreaktion folgt dann all das einzelne Fehlverhalten, wie wir es aus dem Alltag nur zu gut kennen: Ungeduld, Zorn, Stolz, Verachtung, Neid, Eifersucht, Ungerechtigkeit . . .

Alle sind schuldig. Belastet uns die Bibel hier nicht mit einem völlig negativen Weltbild? Treibt sie uns in einen Zustand ohne Hoffnung? Das Nachdenken über die Tiefe der menschlichen Schuld ist sehr bedrückend, und wenn die biblische »Bestandsaufnahme« hier enden würde, könnte man tatsächlich nicht von der frohen Botschaft sprechen. Die Lösung unseres Schuldproblems ist im Neuen Testament nicht die Strafe und Verurteilung des Täters, sondern eine vollständige Begnadigung ohne jede Vorleistung. Paulus fährt an der oben zitierten Stelle fort: »Aber Gott hat mit ihnen Erbarmen und nimmt sie wieder an. Das ist ein reines Geschenk. Durch Jesus Christus hat er uns aus der Gewalt der Sünde befreit.«[4] Gott straft uns nicht für unsere Schuld, sein eigener Sohn hat an unserer Stelle gelitten.

Und so kennt die christliche Überlieferung die »felix culpa«, die »glückselige Schuld«, denn sie führt uns in die Abhängigkeit von unserem Erlöser. Je verschärfter, je verfeinerter, je vertiefter unser Empfinden für die Schuld wird, um so ausgeprägter, umfassender und glücklicher wird unser Empfinden der »Begnadigung«.[5] So wird das Erkennen der Schuld zum Start für einen Neuanfang.

Jesus verniedlichte oder bagatellisierte Schuld nie, aber er nahm sein Gegenüber auch in seinem unvollkommenen Zustand ernst. Er überging Schwächen und falsche Lebenshaltungen nicht mit einer leichtfertigen »Schwamm-drüber-Methode«, sondern ging die Probleme an ihrer Wurzel an, indem er auch die dunklen Seiten ans Licht zog. Damit schaffte er die Voraussetzung für Veränderung, denn solange man echte Schuld verbirgt, kann sie nicht vergeben werden.

Zur Empörung seiner rechtschaffenen Zuhörer stellte er aber oft deren Werteskala auf den Kopf. Ohne Scham unterhielt er sich mit der fünffachen Ehebrecherin in aller Öffentlichkeit an einem Brunnen, besuchte die verschrieenen Zolleintreiber in ihrem Haus, legte den verstoßenen Aussätzigen die Hand auf und kannte auch sonst keine Berührungsängste im Umgang mit »Zöllnern und Sündern«.

Gleichzeitig geißelte er die vordergründige Frömmigkeit der religiösen Führer und riß ihnen die Feigenblätter der Selbstgefälligkeit und der Selbstgerechtigkeit von ihrer tadellosen Fassade.

Jesus urteilte nie nach dem äußeren Schein. Er wandte keinem Hilfesuchenden den Rücken zu. Wie immer wir unsere Aufgabe als Eltern erfüllen mögen, wir dürfen jederzeit zu ihm kommen. Er nimmt uns an als seine geliebten Kinder und macht uns frei von unserer Schuld. Die Frage ist nur, ob wir bereit sind, das Geschenk seiner »Begnadigung« anzunehmen.

Eigentlich müßte diese Erkenntnis christliche Familien von Grund auf befreien. Doch leider fehlt es oft an der Umsetzung in das praktische Leben. Mit ihr wollen wir uns deshalb noch einmal gesondert im 11. Kapitel befassen.

Was sind wir den Kindern schuldig?

Gott vergibt uns die Schuld. Aber wer sagt uns, was wir unseren Kindern genau schulden? Die perfekte Familie? Eine Imitation des Paradieses? Und welche Jury urteilt über Schuld oder Freispruch? Ein Beispiel soll dieses Dilemma illustrieren:

Thomas und Martin gehen in dieselbe Klasse. Beide sind keine Musterschüler und treiben sich lieber in der Stadt und auf dem Sportplatz herum. Ihre Noten leiden darunter. Die Eltern von Thomas gehen verständnisvoll auf ihren Sohn ein. »Wenn er nicht lernen will, soll er es bleiben lassen«, finden sie und schicken ihn in die Realschule. Ganz anders denken Martins Eltern: »Ohne gute Schulbildung kommt man schlecht durchs Leben. Der Junge soll aufs Gymnasium.« Sport und andere Hobbys werden durch Nachhilfestunden ersetzt, und schließlich schafft er das Abitur mit viel Zittern und Bangen.

Später machen beide ihren Eltern Vorwürfe. Martin schmollt, seine Eltern hätten ja nur seine Leistungen geliebt. Thomas entdeckt erst, als er älter ist, seine Freude am Lernen und holt auf dem zweiten Bildungsweg vieles mühsam nach. Wenn er spät abends noch über den Aufgaben brütet, seufzt er oft, warum ihn seine Eltern nicht mehr zum Lernen angetrieben haben.

Sind diese Eltern nun schuldig? In den Augen ihrer Kinder schon. Vor dem Gesetz nein. Und vor Gott? Vielleicht haben sich die Eltern im Gebet zu ihren Entscheidungen durchgerungen und sie mit den besten Absichten durchgeführt und können deshalb keiner Sünde bezichtigt werden. Aber sie waren keine Hellseher, die die Zukunft ihrer Sprößlinge erahnten, keine diplomierten Psychologen, die ihre Seelen bis in die Tiefen analysierten, sondern wie die meisten Eltern Menschen, die in der aktuellen Situation nach bestem Wissen und Gewissen Entscheidungen fällen.

Die Frage nach der Schuld der Eltern ist uralt. »Wer ist schuld, daß er blind geboren wurde? Er selbst oder seine Eltern?« fragten die Jünger Jesus, als ein Blinder hilflos vor ihnen saß. Jesus antwortete: »Seine Blindheit hat weder mit den Sünden seiner Eltern etwas zu tun noch mit seinen eigenen. Er ist blind, damit Gottes Macht an ihm sichtbar wird.«[6] Jesus schaut nicht zurück in die Vergangenheit seines »Patienten«. Er sieht ihn im Hier und Jetzt und läßt ihn in der Gegenwart seine Kraft erfahren. Über die Eltern des Mannes wird nichts weiter berichtet. Vielleicht haben sie tatsächlich an ihm gesündigt, ihn vernachlässigt und seinem Schicksal überlassen, so daß er auf der heißen, staubigen Straße kümmerlich seine Existenz fristen mußte. Doch darüber spricht Jesus nicht, und er macht keine Schuldzuweisungen. Was nützt es diesem Kranken, wenn er die Schuld der anderen kennt? Er braucht jetzt Hilfe, und er darf jetzt ein neues Leben beginnen.

Im vorangegangenen Teil dieses Buches haben wir gesehen, an welch unterschiedlichen Maßstäben Eltern im Laufe der Jahrhunderte gemessen wurden. Auch heute sind die staatlichen Gesetze verschieden. Schwedische Eltern kommen vor Gericht, wenn sie ihre Kinder schlagen, und laufen Gefahr, daß sie ihnen weggenommen und in ein Heim gesteckt werden. Deutsche Kinder müssen leichte Klapse und Schläge einstecken, denn ihr Gesetz erlaubt körperliche Strafen als Erziehungsmittel.[7] Schuld ist also von der jeweils gültigen Gesetzgebung abhängig. Im juristischen Sinne machen sich Eltern sehr selten strafbar und sind also unschuldig.

In der Bibel finden wir kein umfassendes Anforderungsprofil für Eltern. Da liest man allgemeine Anweisungen wie: die Kinder respektieren und lehren, disziplinieren und strafen, sie in Gottes Wort unterweisen und ihnen ein Vorbild sein. Doch wie wir das umsetzen, bleibt uns überlassen. Zusammenfassend gilt auch für das Familienleben das grundlegende Gebot der Nächstenliebe, wie es von Lukas überliefert ist: »Liebe den Herrn, deinen Gott von ganzem Herzen, mit deinem ganzen Willen, mit deiner ganzen Kraft und deinem ganzen Verstand und deine Mitmenschen wie dich selbst.«[8] Doch wie diese Liebe sich konkret ausdrücken soll, ist nirgends im Klartext nachzulesen.

Auch die vielfältigen Ansätze in der Psychologie bieten keine letzten Maßstäbe.[9] Momentan sind wir Mütter die Sündenböcke. Doch wer weiß, was in zehn Jahren gerade »in« ist? Wer will sich da ein Urteil anmaßen über Schuld und Unschuld der Mütter? Wer ist der gerechte Richter? Ist es etwa unser Gewissen?

Das Gewissen, ein zuverlässiger Richter?

Was versteht man eigentlich unter Gewissen? Ist es eine Art »Selbstspiegelung«, wie Karl Jaspers es einmal ausdrückte, oder ein Teil des »Über-Ichs«, das durch die Forderungen der Eltern entstand, wie Freud dies annahm? Ist es gar die Stimme Gottes und des Heiligen Geistes die mich von meinem Unrecht überzeugt?

Ganz allgemein kann man das Gewissen als eine innere Instanz bezeichnen, die unser Denken, Handeln und Fühlen im Licht unseres Maßstabs prüft.[10]

Seit dem Sündenfall ist unser Gewissen aber kein genau geeichtes Instrument mehr, das uns den Zustand von Schuld oder Unschuld vor Gott zuverlässig anzeigt. Oftmals beschuldigt es uns zu recht, wenn wir uns den Kindern gegenüber falsch benehmen, sie anschreien, erniedrigen, schlagen. Hin und wieder verklagt es uns aber auch, obwohl wir nicht böse gehandelt haben, sondern weil es zu hohe, oft auch unbiblische Maßstäbe vertritt. Vielleicht mißt es mich nach der Norm »Du-mußt-es-allen-recht-Machen«. Dann wird es viele Gelegenheiten geben, bei denen es mich schuldig, spricht. Oder es verteidigt mich, obwohl ich ein biblisches Gebot übertrete, indem ich »um des lieben Friedens willen« nachgebe und Spannungen anstehen lasse.

Die Bibel weiß, was für eine unzuverlässige Instanz unser Gewissen ist. Sie spricht vom reinen, guten, bösen, unreinen, schwachen, verhärteten und unverletzten Gewissen, und sie fordert uns auf, die Gewissensstimme kritisch zu hinterfragen.

Auch in den ersten Christengemeinden wurde über Gewissensfragen gestritten. So fragten sich die Christen in Korinth, ob sie Fleisch essen dürften, das damals normalerweise vor dem Verkauf den Götzen geweiht wurde. In der gleichen christlichen Gemeinde wurden manche von ihrem Gewissen verurteilt, andere aber verteidigt, obwohl das gleiche Fleisch auf ihrem Teller lag.

Paulus äußerte sich in einem Brief zu diesem Problem: Den Menschen mit starken Gewissenbissen riet er pragmatisch, sie sollten auf dem Markt gar nicht erst fragen, was für Fleisch angeboten werde, damit sie »das Gewissen verschonten«.[11] Jene, die unbekümmert ihre Mahlzeiten genossen, mahnte er zur Rücksicht. Sie sollten das »schwache Gewissen der anderen nicht verwirren.«[12]

Auch die Christen in anderen Städten warnte Paulus vor einem zu strengen Gewissen. So schrieb er den Kolossern: »Laßt euch von niemandem ein schlechtes Gewissen machen . . .«[13]

Diesen seelsorgerlichen Ratschlag dürfen auch wir modernen Mütter beherzigen. Wie schnell lassen wir uns durch die Erwartungen und Forderungen unserer Familie ein schlechtes Gewissen machen!

»Gehst du schon wieder weg?«

»Die anderen haben es besser als ich!«

»Das ist gemein, wenn du mir das verbietest!«

»Was tust du auch den ganzen Tag?«

»Nie hast du Zeit für mich!«

Kennen Sie diese Sätze? Sie wirken wie ein Schalter, der unser Gewissen in Bewegung setzt. Doch wenn uns das Gewissen verurteilt, heißt dies nicht unbedingt, daß wir auch objektiv schuldig sind.[14] So sind wir immer wieder aufgerufen, das Gewissen an Gottes Maßstäben zu überprüfen und in enger Gemeinschaft mit unserem himmlischen Vater zu erforschen, was richtig ist für uns und auch für unsere Familie.

Echte Schuld oder unangebrachte Beschuldigungen?

Wenn uns Gewissensbisse quälen, können die folgenden Fragen helfen, zwischen echter Schuld und Beschuldigungen zu unterscheiden:

- *Was wird mir ganz konkret vorgeworfen?*
  Oft hört man nur vage Beschuldigungen. Fragen Sie nach Einzelheiten. Was wirft man Ihnen genau vor? Vielleicht verflüchtigen sich durch dieses Gespräch die Schuldzuweisungen in unbegründete Vorwürfe. Vielleicht müssen Sie aber auch demütig erkennen, daß Sie tatsächlich im Unrecht waren, diesen Fehler bereinigen und um Verzeihung bitten.

- *Habe ich wissentlich ein biblisches Gebot übertreten?*
  Viele Erwartungen, die an uns herangetragen werden, sind von unserer Umwelt und Kultur diktiert. Hier gilt es zu fragen, ob die Meßlatte, nach der ich beurteilt werde, mit der biblischen Botschaft übereinstimmt. Wenn nicht, darf ich sie getrost ignorieren.

- *Wird von mir etwas Unmögliches verlangt?*
  Mütter sind auch nur Menschen und haben das Geschick ihrer Kinder nicht allein in ihrer Hand. Leider gibt es Ereignisse im Leben, die ich nicht beeinflussen kann und vor denen ich die Kinder nicht schützen kann. Wenn etwas passiert, ist es nicht immer meine Schuld.

- *Wie weit reicht mein Einfluß?*
  Viele Mütter schreiben sich die Schuld zu, wenn ihre Kinder sich falsch verhalten. Doch diese sind eigenständige Persönlichkeiten und bestimmen schon sehr früh, wie sie sich benehmen wollen. Man kann sie zwar sorgfältig erziehen, aber auch sie können zwischen gut und böse wählen.

- *Gibt es andere Gründe für das Problem als mein Verhalten?*
  Natürlich will ich Sie nicht ermutigen, die Schuld bei den anderen zu suchen. Aber wie wir wissen, ist das Kind vielen Einflüssen ausgesetzt. Anlage, Umwelt und Reaktionen formen seine Persönlichkeit. Es wäre eine Überschätzung der mütterlichen Macht, wenn man auf sie als die einzige prägende Kraft alle Verantwortung abschieben wollte.

All diese Fragen sollen klären, ob man tatsächlich schuldig geworden ist, oder ob die Schuldgefühle durch Vorwürfe und Beschuldigungen »künstlich« erzeugt wurden. Oft ist es nicht leicht, eine Antwort zu finden. Da kann ein Gespräch mit einem anderen Menschen, einer Freundin, dem Ehepartner oder einem Seelsorger sehr hilfreich sein.

Besonders wir Frauen sind mit einem eher feinen Gewissen ausgerüstet, das sehr schnell auf der Seite des Anklägers steht. Gerade für Mütter, die sich durch die Erwartungen von Mann und Kindern, Nachbarn und Lehrern sehr belasten lassen, gilt die alte jüdische Weisheit, die von König Salomo überliefert ist: »Sei nicht allzu gerecht und nicht allzu weise, damit du dich nicht zugrunde richtest.«[15]

10. Kapitel

Sind Schuldgefühle von Gott?

Bevor ich dieses Buch geschrieben und mich intensiver mit der Schuldfrage auseinandergesetzt hatte, hätte ich auf diese Frage wahrscheinlich mit Ja geantwortet. Denn wo kämen wir hin, wenn uns nicht eine innere Stimme sagen würde, was gut oder schlecht ist? Jeder würde einfach nur noch egoistisch seine eigenen Ziele verfolgen, und das Zusammenleben würde unerträglich. Schuldgefühle kommen also von Gott, dachte ich mir, denn sie zeigen uns, wo wir im Unrecht sind und führen uns schließlich wieder auf den rechten Weg zurück. Können Sie sich meine Überraschung vorstellen, als ich das Wort »Schuldgefühle« in der Bibel nicht ein einziges Mal geschrieben fand? Ich stieß zwar auf die Begriffe »Schulden«, »Schuldherr«, »schuldig«, »Schuldiger«, »Schuldner«, »Schuldopfer« und »Schuld«, über die wir im letzten Kapitel nachgedacht haben. Aber »Schuldgefühle« als Folge eines Fehlverhaltens und als Motivation für besseres Handeln fehlten.

Eine verkehrte Welt?

Ein Blick in meine Umgebung verwirrte mich noch mehr. Da beobachtete ich *Schuld ohne Schuldgefühle*. Ich sah Menschen, die eine Vorschrift oder ein Gesetz übertraten, sich also schuldig machten, ohne unter Schuldgefühlen zu leiden. Und ich gehörte auch zu ihnen!

Ich ertappte mich auf der Autobahn. Angespannt saß ich hinter dem Steuer und raste mit 140 km/h meinem Ziel entgegen, denn ich wollte meinen Vortrag pünktlich beginnen. Erst als ich den Polizeiwagen am Straßenrand sah, flackerten kurz Schuldgefühle in mir auf, und ich hielt mich eine Weile an die vorgeschriebene Geschwindigkeit. »Glück gehabt«, dachte ich, als nichts passierte, und drückte wieder auf das Gaspedal.

Auch im Familienleben steht man immer wieder vor Situationen, auf die der eine mit und der andere ohne Schuldgefühle reagiert.

»Was wächst denn da im Garten?« Diese einfache Frage entfachte in Patricks Elternhaus einen heftigen Streit. »Nur etwas Hanf«, meinte der 16jährige so gleichgültig wie möglich. »Daraus macht man doch Haschisch, das ist verboten!« empörte sich seine Mutter. »Ich weiß ja gar nicht, wie man Haschisch daraus macht. Es geht doch niemanden etwas an, was ich im Garten pflanze«, brummte der Junge aufsässig. Mutter und Sohn verarbeiteten den gleichen Sachverhalt unterschiedlich. Er fand überhaupt nichts dabei, wenn er ein Gesetz übertrat.

Aber es gibt auch das Gegenteil: *Schuldgefühle ohne Schuld.* Viele Mütter fühlen sich schuldig, ohne daß sie falsch handeln oder gar ein Gesetz verletzen, denn für die Aufgabe der Mutterschaft gibt es, wie wir gesehen haben, keine genauen, allgemein anerkannten Regeln. »Manchmal fühle ich mich schuldig, wenn ich meine Kinder den ganzen Nachmittag im Garten spielen lasse und nichts mit ihnen unternehme«, berichtet mir eine Mutter von drei Kindern. »Die Nachbarskinder spielen alle ein Instrument und besuchen die verschiedensten Kurse. Ihre Mama ist beständig auf Achse und fährt sie zu all ihren Terminen. Meine Kinder sind am liebsten daheim und genießen ihre Ruhe. Müßte ich sie mehr fördern?«

Eine andere Mutter erzählt: »Ich fühle mich immer schuldig, wenn meine Schwiegermutter bei uns ist. Wenn sie dann mit hochgezogenen Augenbrauen bemerkt: ›Schau, da liegt ein angebissener Apfel‹, oder vorwurfsvoll fragt: ›Können deine Kinder die Schuhe nicht ordentlich wegstellen?‹, dann fühle ich mich als Versagerin. Dabei habe ich die Kinder doch unzählige Male zur Ordnung gemahnt.«

Die beiden Frauen haben keine Schuld auf sich geladen, und doch fühlen sie sich schuldig.

Schuldgefühle sind kein unbeirrbarer Anzeiger für gut und böse und dürfen nicht mit Gottes Stimme verwechselt werden.

Sind Schuldgefühle »unnütz«?

Alfred Adler, der Begründer der Individualpsychologie, hielt nicht viel von Schuldgefühlen. Eine Anekdote, die von ihm erzählt wird, erklärt dies: Ein Klient berichtete ihm klagend, er betrüge immer wieder seine Frau, habe aber danach schreckliche Schuldgefühle. Adler soll darauf geantwortet haben: »Glauben sie nicht, eines von beidem ist zuviel?«[1]

Mit dieser knappen Bemerkung traf er den wunden Punkt seines Gegenübers. Eigentlich wollte dieser gar keine Veränderung, und seine Schuldgefühle dienten ihm als Rechtfertigung seiner unmoralischen Handlungsweise. Er wußte, daß er falsch handelte, aber wenigstens fühlte er sich schuldig!

Kein Wunder, daß Adler diese Art der Verarbeitung von echter Schuld als unnütz bezeichnete. Er führt diesen Gedanken aus: »Wo sich etwa anstatt der Erhöhung der Kooperationsfähigkeit als seichtes Schlußergebnis ein ›Schuldgefühl‹ mit oder ohne Bußübung einstellt, zeigt uns der Schlüssel der Kooperationsfähigkeit genau, daß das Interesse an der eigenen Person gewaltig überwiegt, ohne daß es zu nennbaren mitmenschlichen Leistungen kommen könnte.«[2] Schuldgefühle ohne Verhaltensänderung bringen also nichts.

Wenn ich im folgenden von Schuldgefühlen spreche, meine ich deshalb nicht das grundlegende Erkennen einer objektiven Schuld oder die mahnende Stimme des Gewissens, sondern die psychologische Verarbeitung der schmerzlichen Erkenntnis, daß man nicht genügen kann. Bruce Narramore, ein bekannter amerikanischer Psychologie-Professor beschreibt treffend: »Schuldgefühle sind eine gefühlsmäßige Reaktion auf die Spannung zwischen dem, was wir sind und wie wir handeln, und dem, wie wir denken, daß wir sein sollten. Diese Reaktion ist oft mit Scham, Selbstbestrafung und Selbstablehnung verbunden.«[3]

Ist diese Reaktionsweise unnütz? Bestimmt ist sie sehr schmerzhaft und für das Zusammenleben unfruchtbar. Schuldgefühle führen nicht zu einem befreiten Leben und richten den Blick nicht auf Jesus Christus, der die Schuld überwunden hat, sondern auf das eigene Unvermögen. Sie zielen nicht auf eine Veränderung, sondern fesseln ihr Opfer an den Zustand der Minderwertigkeit, lassen es in Ohnmachtsgedanken erstarren und fixieren es auf Selbstanklagen. Damit wir sie wirkungsvoll angehen können, sollten wir den folgenden psychologischen Prozeß durchschauen.[4]

Schuldgefühle als psychologischer Vorgang

Die Erkenntnis, nicht genügen zu können, tut weh. Wir haben Angst, offen zu unserem Versagen zu stehen. Niemand soll merken, wie es wirklich um uns steht. Und so sind auch wir Meister im »Anordnen von Feigenblättern« und Vertuschen unserer Schwäche und Schuld.

a) Die Verschleierung von Schuld

Sigmund Freud beschäftigte sich intensiv mit dem Umgang mit unangenehmen und schmerzlichen Gefühlen und sprach in diesem Zusammenhang von Abwehrmechanismen. Ich möchte Ihnen vier Möglichkeiten der Verarbeitung von Versagen und Schuld vorstellen.

Damit dies nicht trockene Theorie bleibt, möchte ich Sie ermutigen, sich selbst zu prüfen. Welche Art der Verarbeitung wählen Sie?

Projektion: Nicht akzeptable Wünsche und Gefühle werden auf andere gespiegelt. Eltern sehen ihre eigenen Schwächen in ihren Kindern wie in einem Spiegel. Oft setzen sie alles daran, die Kinder davon zu befreien.

In einer Familienberatungsstunde klagte ein 15jähriges Mädchen, daß ihre Mutter all ihre Kontakte zum anderen Geschlecht genauestens kontrolliere. Nach jedem Abend in der Jugendgruppe frage sie sie peinlich genau aus, mit wem sie gesprochen, neben wem sie gesessen und wer sie heimgebracht habe. Im Einzelgespräch berichtete ihre Mutter dann von ihrer eigenen stürmischen sexuellen Entwicklung in der Adoleszenz und den entsprechenden »Entgleisungen«, die sie nie verarbeitet hatte. Sie übertrug ihre eigenen Spannungen und Ängste auf ihr Kind. Als sie ihre eigenen bedrückenden Erlebnisse ablegen konnte und offen für Gottes Vergebung wurde, lernte sie auch, ihrer Tochter mehr zu vertrauen.

Verdrängung: Unangenehme Wünsche, Erinnerungen oder Gefühle werden unterdrückt und »vergessen«. Oftmals treten diese vergrabenen Gefühle in anderer, starker Form wieder an die Oberfläche.

Eine junge Frau klagte ihrem Therapeuten ihre zwanghafte Angst, daß ihr Kind die Autotür öffnen, hinausfallen und sterben könnte. Erst nach etlichen Gesprächen wagte sie zu erzählen, wie wütend sie gewesen sei, als sie ihre Schwangerschaft bemerkt und wie sehr sie das Kind zuerst abgelehnt habe. Als gute Christin wagte sie nicht, sich das einzugestehen und reagierte paradox: Sie versteckte ihre Ressentiments hinter übermäßiger Fürsorge. Als sie ihr »falsches Muster« erkannte und bekannte, verschwanden auch die nun verständlichen Ängste um ihr Kind.

Zwanghafte Aktivität: Das innere Gefühl des Versagens wird durch übermäßige Aktivität überdeckt. Mütter mit dieser Verarbeitungsart sind immer beschäftigt. Sie fühlen sich unendlich verantwortlich für ihre Pflichten und können selten entspannen. Ein solches Elternhaus ist blitzblank gefegt, die Kinder sind tadellos gekleidet, und die Freizeit ist bis aufs letzte verplant. Das Ziel ist nichts weniger als Perfektion. Die Triebkraft für diese Aktivität ist meist die Angst, daß man nicht genügen könnte, und man setzt alles ein, um das zerbrechliche Selbstwertgefühl zu schützen.

Sublimation: Schulderzeugende Impulse und Gefühle werden auf sozial akzeptierte Art verarbeitet.

Ein Vater erzählt in der Familienberatung, wie er plötzlich unter Zornausbrüchen litt. Interessanterweise trat dieser Ärger erst auf, nachdem er aufgehört hatte, Fußball zu spielen. Er merkte, daß er nun kein Ventil mehr besaß, durch das er seine unbewältigte Feindseligkeit herauslassen konnte.[5]

All diese Abwehrmechanismen des schmerzlichen Eingeständnisses von Schuld haben gemeinsam, daß sie die Wirklichkeit verneinen oder verfälschen und eine ehrliche Selbsteinschätzung verhindern. Leider führen sie nicht zu einem gesunden Miteinander und schon gar nicht zu einem reinen Gewissen. Die Spannung wird vielleicht überdeckt, aber sie wirkt heimlich weiter.

b) Unbewußte Ziele von Schuldgefühlen

Nichts, was wir tun, ist zufällig. All unser Verhalten will etwas bewirken und verfolgt ein meist unbewußtes Ziel. Wenn man einer Freundin sein Leid klagt, erwartet man Mitgefühl, wenn man den Ehepartner mit Vorwürfen überhäuft, erhofft man sich eine Entschuldigung, mehr Rücksichtnahme oder Mithilfe im Haushalt.

Auch unsere Gefühle sind nicht zufällig, sondern schwingen im Einklang mit einem inneren Lebensziel. Hat jemand das Verlangen, der Stärkste zu sein, ist sein Gefühlsleben wahrscheinlich eher aggressiv getönt. Ist jemand hingegen der tiefen Überzeugung, allen gefallen zu müssen, ist er wahrscheinlich von fürsorglichen Regungen und verstärkten Schuldgefühlen erfüllt. Doch wie gesagt, diese Vorgänge sind meistens unbewußt.

Auch mit Schuldgefühlen kann man verschiedene Ziele verfolgen: Sie bedeuten nicht immer das reumütige Einsehen von Fehlern und führen nicht immer zu Veränderung. Wie Sie der folgenden Tabelle entnehmen können, verfolgen sie manchmal auch andere Ziele. Statt der vordergründigen Demut verstecken sie z.B. einen Drang nach Überlegenheit, dienen als Entschuldigung für Dinge, die man nicht ändern möchte; oder machen übernatürliche Mächte (z.B. Satan) für das eigene Versagen verantwortlich.

Tab. 10.1: Schuldgefühle und ihre unbewußten Ziele

Schuldgefühle ...	– verstecken einen starken Drang nach Überlegenheit – rücken eine Person in das Zentrum der Aufmerksamkeit – verschleiern unsoziale Vorhaben – streichen hervorragende Leistungen heraus – sind nützliche Ausreden zum Umgehen sozialer Pflichten – bringen den Beweis, daß man anderen moralisch überlegen ist – dienen zur Selbstbestrafung – sind der Beweis von guten Absichten – dienen dem Rückzug – schieben die Schuld auf den Konflikt zwischen Gott und Satan

Die vorangehende Tabelle kann eine Hilfe sein, wenn wir die unbewußten Ziele der Schuldgefühle, die uns plagen, aufspüren wollen. Welche der zehn möglichen Ziele verfolge ich mit meinen Schuldgefühlen?[6]

c) Schuldgefühle als Ausreden

Aus psychologischer Sicht können Schuldgefühle auch als Ausreden dienen. Wenn man den Forderungen der Umwelt und seinen eigenen Idealen schon nicht entsprechen kann, zeigt man durch die Schuldgefühle wenigstens, daß man weiß, wie man sein sollte.

In der nächsten Tabelle finden Sie zehn mögliche Ausreden, die Schuldgefühle ausdrücken könnten. Welcher Satz könnte zu Ihnen passen?

Ich weiß, daß Selbsterforschung nicht so angenehm ist. Doch je besser wir unsere eigenen Stärken und Schwächen kennen, umso leichter fällt uns die Veränderung. Nur was wir bewußt wahrnehmen, können wir beeinflussen.

Tab. 10.2: Schuldgefühle als Ausreden

Ich bin nicht so, wie ich sein sollte ...	– aber wenigstens tut es mir leid – aber ich bin das Opfer eines übernatürlichen Konfliktes – aber ich weiß, wie man sein sollte – darum müßt ihr euch um mich kümmern – aber ich leide wenigstens darunter – aber ich habe trotzdem etwas erreicht – darum solltet ihr mich entlasten – und ich müßte eigentlich bestraft werden – aber ich möchte mich gerne bessern – deshalb kann ich nicht anders handeln

All diese psychologischen Verarbeitungsmuster sind menschliche Umgehungsweisen mit dem grundlegenden Problem des Versagens. Doch leider führen sie nicht zum Ziel, eines reinen Gewissens und einer inneren Ruhe. Sie mögen den Schmerz des Versagens dämp-

fen, die objektive Schuld verschleiern oder die bohrende Gewissensstimme zum Schweigen bringen. Aber letztlich führen sie in eine
Sackgasse, denn sie sind ein Versuch der Selbsterlösung.

Reue statt Schuldgefühl

Im Gegensatz zur peinigenden Art der psychologischen Verarbeitung von Schuld, kennt die Bibel eine positive, befreiende Traurigkeit über das eigene Versagen. Paulus erinnerte die Christen in Korinth, denen er zuvor einen schonungslos offenen Brief über ihre
Verfehlungen geschrieben hatte, an den Unterschied zwischen einer
»göttlichen Traurigkeit«, die zum Leben führt, und einer weltlichen
Trauer, die den Tod bewirkt.[7]

Wenn wir unserem Versagen und Unvermögen unverhüllt begegnen und die negativen Folgen im Leben unserer Kinder bemerken, ist das Grund genug zu tiefer Trauer. Tränen bleiben uns oft
nicht erspart. Doch diese konstruktive Reue hat nichts zu tun mit
der zermürbenden Form der psychologischen Verarbeitung von
Schuld.

Wie verschieden man Schuld verarbeiten kann, zeigen die
Schicksale von Petrus und Judas. Beide waren enge Freunde von Jesus. Beide verrieten ihn in jener dunklen Nacht und luden dadurch
Schuld auf sich. Doch der eine erlebt die lebensspendende, der andere die todbringende Traurigkeit über seinen Verrat.

»Petrus ging hinaus und weinte bitterlich.«[8] Offensichtlich war er
zutiefst erschüttert und zerknirscht. Wie schnell hatte er sein groß-
artiges Versprechen, mit seinem Freund in den Tod zu gehen, auf die
Seite geschoben. Seine eigene Sicherheit war ihm wichtiger als die
Treue zu seinem Herrn. Plötzlich gab es kein Zurück mehr, und hilflos sah er zu, wie Jesus qualvoll starb. Doch dieses schreckliche Erlebnis zerbrach ihn nicht, sondern führte letztlich zu einem vertief-
ten Vertrauen zu seinem Herrn. Schließlich wurde er einer der mu-
tigsten Apostel.

Ganz anders Judas. Auch er bemerkte plötzlich mit Entsetzen die
tödlichen Folgen seines Verrates. Auch er trauerte. Doch die Ver-

zweiflung über seine Tat trieb ihn nicht zu seinem Herrn zurück, sondern dazu, sich schließlich selbst zu richten.

Auch heute kann man sehr unterschiedlich mit Schuld umgehen. Man kann sich jahrelang in den psychologischen Mustern von Schuldgefühlen verstricken und auf der Stelle treten, oder wie Petrus seine Fehler bitter bereuen und dann mit Gottes Hilfe weitergehen.

Reue ist ein tiefes Gefühl der Trauer über die eigenen Fehlhaltungen und falschen Verhaltensweisen, wenn man sich im Licht von Gottes Heiligkeit und Liebe sieht.

Reue ist viel mehr als ein dumpfes Schuldgefühl und stellt die biblische Alternative zu den psychologischen Verarbeitungsmustern der Schuldgefühle dar. Die folgende Abbildung verdeutlicht den Unterschied zwischen den zwei grundlegend unterschiedlichen Reaktionsweisen.

Abb. 10.3: Schuldgefühl und Reue: zwei grundsätzlich verschiedene innere Haltungen

	Schuldgefühl	tätige Reue
Person im Zentrum	Ich	beide, die verletzte Person und ich
Blickrichtung	Vergangenheit	Gegenwart und Zukunft
Ziel	Vermeiden von schlechten Gefühlen	inneres Wachstum Gottes Willen tun
Haltung gegenüber Gott	Autonomie (Ich will zahlen)	Abhängigkeit von Gott (Er hat für mich gelitten)
Haltung gegen sich selbst	Ärger, Enttäuschung, Selbstmitleid, Minderwertigkeitsgefühle	Selbstannahme nach echter Trauer und Sorge wegen meines Versagens
Folgen	Äußere Veränderung aus Angst vor Strafe, Stillstand, Entmutigung	Veränderung auf der Grundlage von Liebe und Respekt Verantwortung

‒ *Schuldgefühle stellen die eigenen Interessen in den Mittelpunkt. Reue sieht die ganze Beziehung.*

»Ich habe mich schrecklich benommen und kann mir das nicht verzeihen«, quält man sich mit Schuldgefühlen. Man grämt sich wegen seiner eigenen Schwächen und ärgert sich über sein Unvermögen. Reue drückt eine andere innere Haltung aus. Ja, man trauert über die Wunden, die man dem anderen zugefügt hat, und ist bestürzt über das eigene Versagen. Doch man bleibt nicht stecken im Selbstmitleid und im Drehen um sich selbst, sondern bekennt seine Fehler Gott und dem Nächsten und ergreift die Initiative zu einem Neuanfang.

Was füllt meine Gedanken – die Sorge um mein Versagen oder um das Wohl aller Beteiligten?

‒ *Schuldgefühle richten meinen Blick in die Vergangenheit. Reue befaßt sich mit der Gegenwart und Zukunft.*

»Hätte ich damals nur anders gehandelt«, wünschen sich so viele Eltern. Doch der Blick in die Vergangenheit ist oft wenig sinnvoll, denn das Rad der Zeit läßt sich nicht mehr zurückdrehen. Reue stellt sich dem Schatten der Vergangenheit, gibt Schuld offen zu und bereinigt sie, wenn dies nachträglich noch möglich ist. Doch dann läßt sie die Vergangenheit ruhen und versucht, in Gegenwart und Zukunft neu zu handeln.

Wohin richte ich meinen Blick – in die Vergangenheit oder in die Gegenwart und Zukunft?

‒ *Schuldgefühle zielen auf die Verbesserung des eigenen Wohlbefindens. Reue hat eine innere Reife und das Erfüllen von Gottes Willen zum Ziel.*

»Hauptsache, ich fühle mich besser«, ist eine Triebfeder bei der Verarbeitung von Schuld. Innere Reife ist ein Wachstumsprozeß, der durch viele kleine Schritte der Ehrlichkeit gegen sich selbst, der Verantwortung für sich und die anderen und des Vertrauens auf Jesus Christus erreicht wird. Dieser Weg ist nicht immer einfach, er braucht Kraft und kennt Strecken des Schmerzes über das eigene Versagen.

Was suche ich – das Dämpfen negativer Gefühle oder ein inneres Wachstum?

– *Schuldgefühle sind ein Versuch, sich selbst zu erlösen. Reue ist eine Antwort auf Gottes Handeln.*

»Der Tod von Christus und seine Vergebung sind für mich nicht umfassend genug. Ich will selbst für meine Schuld zahlen, indem ich wenigstens innerlich leide«, sagen Menschen, die an ihren Schuldgefühlen festhalten. Für Christen ist dieser Weg vollkommen unnötig. »Die Strafe liegt auf ihm, damit wir Frieden haben. Durch seine Wunden sind wir geheilt«[9], verheißt uns die Bibel. Er hat genug gelitten. Ich bin frei! Lasse ich mich von IHM erlösen?

Worauf setze ich mein Vertrauen – auf meine Fähigkeit, meine Schuld zu begleichen, oder auf Gottes Vergebung?

– *Schuldgefühle erniedrigen mich selbst. In der Reue führt mich Jesus Christus zur Selbstannahme.*

Schuldgefühle zementieren meine negative Selbsteinschätzung: »Ich bin nicht gut genug.« Die Bibel lehrt das Gegenteil. Sie gibt uns überzeugende Gründe für ein gesundes Selbstwertgefühl. Wir sind als Gottes Ebenbild geschaffen; die Herrschaft über die Welt ist uns anvertraut; Gott liebt uns als seine Kinder; durch seinen Sohn haben wir jederzeit Zugang zu ihm, auch wenn wir Fehler machen.

Wie sehe ich mich selber – minderwertig oder als Gottes geliebtes Kind?

– *Schuldgefühle führen zu oberflächlichen Veränderungen oder zu Stillstand. Reue fördert Beziehungen, die auf Liebe und Respekt gegründet sind.*

»Ich will alles zurückzahlen.« – »Am besten mache ich gar nichts mehr, dann kann mich niemand kritisieren.« Diese Haltungen prägen eine Beziehung, die auf unbewältigter Schuld aufbaut. Doch Angst vor Verurteilung und Resignation taugen auf die Dauer nicht als Motor für Veränderung. Ein Mensch, der von echter Reue erfüllt ist, gibt zu, daß er den Anforderungen und Erwartungen der anderen nie hundertprozentig entsprechen kann, und verlangt auch von seinem Gegenüber keine Perfektion. Weil er weiß, daß ihm vergeben wird, kann er das auch seinem Nächsten zugestehen.

Was ist der Motor für mein Handeln – Angst vor Strafe oder Liebe und Respekt?

Reue oder Schuldgefühl? Befreiung oder Einengung? Die Wahl, wie wir Schuld verarbeiten, liegt bei jedem einzelnen und wird alle Beziehungen entscheidend gestalten. Als Christinnen müssen wir uns nicht von Schuldgefühlen ersticken lassen. Jesus macht uns frei. Die Haltung der tätigen Reue wird nicht immer wie auf Knopfdruck gelingen. Veränderung braucht Zeit und Kraft. Doch die Arbeit an mir selbst lohnt sich – für meine Familie und für mich selbst.

11. Kapitel

Vergebung – eine doppelte Wohltat

»Das kann ich nie vergeben.« – Ein oft gehörter Satz. Viele Menschen fühlen sich durch Worte oder Handlungen von anderen tief verletzt. Die Erinnerung an Erniedrigung, Ungerechtigkeit und Demütigung verfolgt uns oft jahrelang. Manche Leute sind sogar stolz darauf, daß sie »ein Gedächtnis wie ein Elefant« haben und nie vergessen, was jemand ihnen angetan hat.

Der Hamburger Psychologieprofessor Reinhard Tausch hat mit wissenschaftlichen Studien belegt, daß man mit dieser Haltung seinen Alltag vergiftet und sich selbst schadet. Im Leitartikel einer verbreiteten psychologischen Fachzeitschrift wirft er eine interessante Frage auf: »›Vergebt, so wird euch vergeben. Richtet nicht, so werdet auch ihr nicht gerichtet werden.‹ Ist diese ethisch-soziale Botschaft weltfremd? Oder ist sie eine tiefe Weisheit, die unmittelbar der seelischen Lebensbewältigung und dem befriedigenden Zusammenleben von Menschen dient?«[1]

Seine Studien brachten erstaunliche Ergebnisse:

Vergebung verändert die Gefühle. Verletzungen lösen viele negativen Gefühle aus. Durch eine vergebende Haltung werden Haß, Wut, Feindseligkeit und seelische Schmerzen wesentlich geringer oder fallen fort.

Vergebung verändert die Gedanken. Anklagen und Selbstanklagen, Verurteilen und Richten der schuldigen Person treten in den Hintergrund. Die Realität wird wieder besser wahrgenommen. »Ich sehe jetzt mehr die Wirklichkeit, die ich früher nicht sehen konnte oder wollte. Ich sehe jetzt, daß wir beide nicht anders handeln konnten«, schrieb eine der Befragten.

Vergebung verändert das Verhalten. Menschen die vergeben haben, können unbelastet und offener mit dem anderen Kontakt aufnehmen. Jemand formulierte das so: »Ich habe jetzt zu meinem Vater ein besseres Verhältnis, kann mich besser abgrenzen, aber auch freundlicher zu ihm sein.«

Vergebung verändert die Menschen, denen vergeben wurde.
83 % Prozent erlebten positive Gefühle;
85 % freuten sich über die Wiederherstellung der Beziehung;
21 % waren motiviert, in Zukunft die Fehler zu vermeiden;
20 % lernten dadurch anderen leichter und schneller zu vergeben;
80 % hatten weniger psychosomatische Beschwerden.[2]

»Vergebt, so wird euch vergeben.«[3] Diese wegweisende Aussage von Jesus Christus gilt auch für das Familienleben. Kinder, die bei ihren Eltern die Auswirkungen der Vergebung wahrnehmen können, lernen dadurch – meist nicht bewußt – selber zu vergeben. Die innere Haltung der Eltern hat Auswirkungen auf die Vergebungsbereitschaft der Kinder.

Vergebung ist eine Wohltat für alle. Warum fällt es uns trotzdem so schwer, sie in der Praxis auszuleben?

Was hindert uns am Vergeben?

An ein verletzendes Erlebnis werden wir nicht gerne erinnert. Schmerz und Trauer, Wut oder gar Haß treten wieder ins Bewußtsein und erschweren die Vergebung. Als Elternteil fühlt man sich oft wie in einem Sandwich. Man ist beides gleichzeitig, Mutter und Kind, Opfer und Täterin. Es belasten uns negative Erinnerungen an die eigene Kindheit, die wir den Eltern einfach nicht vergessen können. Dazu kommen die eigenen Kinder, die gerade im Teenageralter ihre Eltern tief verwunden können.

Wie lange ein Mensch braucht, um vergeben zu können, hängt von verschiedenen Vorgängen und Bedingungen ab.

Sicher spielt die *Schwere der Verletzung* eine nicht geringe Rolle. Es ist leichter, seinen Eltern kleine Unterlassungen oder Ungerechtigkeiten zu vergeben, als zum Beispiel absichtliche körperliche Mißhandlungen oder Übergriffe in die Intimsphäre. »Mein Vater hat mein Leben ruiniert, das kann ich ihm nie vergessen.« Diese Aussage ist verständlich, wenn sie von einer Frau stammt, die von ihrem Vater schwer sexuell mißbraucht wurde.

Auch *der Wunsch, über andere zu dominieren, oder Stolz* stellen sich der Vergebung in den Weg: »Ich gebe nicht klein bei. Diesmal will ich nicht erniedrigt werden«, schwört man sich grimmig. »Ich vergebe meinen Eltern nicht, dann kann ich sie kleinhalten und mich vor ihnen schützen. So verhindere ich, daß sie mir wieder etwas Schlechtes antun.« Oft hängt die geringe Bereitschaft zur Vergebung mit der Auffassung zusammen, daß Vergebung ein Ausdruck von Schwäche und Nachgiebigkeit sei. In Wirklichkeit erfordert Vergeben aber eine große seelische Stärke.

Manchmal sind die seelischen Verletzungen so tief, daß man nur noch einen Wunsch hat: *Rache.* »Ich will diesem Menschen weh tun, für all das, was er mir angetan habt.« Eltern und Kinder können in dieses Muster fallen. Ein Ausweg aus den gegenseitigen Beschuldigungen wird dadurch verbaut.

Oft kann *die verletzende Person* durch ihr Verhalten die Vergebung erschweren. Vielleicht fährt sie stur mit ihrem rücksichtslosen Verhalten fort, lehnt jedes klärende Gespräch ab oder will nicht bemerken, daß überhaupt etwas falsch läuft.

Welcher dieser Punkte hindert mich am Vergeben?

Das Geheimnis der Vergebung

Wenn wir einer Person vergeben, die uns tief und unfair verletzt hat, dann geschieht ein Wunder, das seinesgleichen sucht. Nichts kann damit verglichen werden. Nichts bringt soviel Heilung in das Leben aller Beteiligten.

Vergebung bedeutet ein Ent-Schulden, die Befreiung eines anderen oder der eigenen Person von einer Schuld.

Eine erlittene Verletzung oder Beeinträchtigung wird dem anderen nicht mehr angerechnet, das Ereignis wird nicht mehr nachgetragen, sondern als abgeschlossen und vergangen gesehen. Das Geschehene wird nicht ignoriert, »verdrängt« oder vergessen, sondern durchaus genau wahrgenommen und erinnert; aber es wird nicht mehr verurteilt.

Doch Vergebung braucht Zeit.

Manchmal sehr viel Zeit. Je stärker man verletzt wurde, um so länger braucht man, um zu vergeben. Kleine Narben heilen schnell. Aber wenn man innerlich erschüttert und zerbrochen wurde, rechnet man besser mit einer längeren Genesungszeit.

Am Anfang des Prozesses ist aber eine Entscheidung nötig, in welche Richtung man innerlich gehen möchte. Will ich weiter den anklagenden Gedanken gegen die Eltern oder die undankbaren Kinder Raum geben, oder bin ich offen für den heilenden Prozeß der Vergebung?

Die Antwort auf diese Frage ist oft nur ein erster Schritt, dem noch viele folgen müssen. Immer wieder findet man sich im Sog von Gedanken der Wut, der Anklage und des Hasses und muß neu entscheiden, daraus auszusteigen.

Eine Freundin erzählte mir, wie es ihr dann hilft, wenn sie eine Bitte des Vaterunsers etwas abwandelt: »Und vergib uns unsere Schuld. Und hilf mir, meinen Schuldigern zu vergeben.« Gott erhört dieses ehrliche Gebet. Mit der Verarbeitung des Schmerzes wächst die Kraft zur Vergebung. Innere Heilung braucht Zeit.

Manchmal staunt man dann selbst, wie man fast unmerklich die Zone von Ärger und Haß hinter sich gelassen hat und wie nach der langen, trockenen Zeit des vergeblichen Versuchens innerer Frieden einkehrt.

Vergebung kann nur freiwillig geschehen.

Niemand kann zur Vergebung gezwungen werden. Niemand vergibt »automatisch«. Niemand kann aus reiner Pflicht vergeben. Wenn wir jemandem vergeben, dann reichen wir weit über den Ruf der Pflicht oder den Impuls des Instinktes in die lebendige Welt der persönlichen Freiheit.

Eltern können ihre Tochter nicht überreden, ihrem Bruder zu vergeben, der ihr Tagebuch gelesen hat und ihre tiefsten Geheimnisse in der Schule ausplaudert. Sie können ihr die Möglichkeit und den Nutzen aufzeigen, aber das Mädchen muß letztlich selbst entscheiden, wie sie die Beziehung in Zukunft gestalten möchte. Vergebung geschieht entweder freiwillig oder gar nicht.

Vergebung verändert die Gefühle.

Wenn wir verwundet werden, sind wir zuerst halb blind vor Schmerz und Wut. Oft sehen wir uns als bemitleidenswerte Opfer und unsern Gegner als rücksichtslosen Täter. Wir versuchen, uns zu schützen, oder besser noch, es dem anderen heimzuzahlen. Zuletzt weiß man oft kaum mehr, wer wem was zu vergeben hat, und man macht aus Erdhaufen Berge, die nur geübte Vergebende erklimmen können.

Fühlt man noch Ärger, nachdem man vergeben hat? Ja, oft. Leider. Es ist unrealistisch, wenn man erwartet, daß durch den einen Akt der Vergebung alle negativen Gefühle zerplatzen wie Seifenblasen im Wind. Wenn man vergibt, wird der bohrende Stachel des Hasses und der Bitterkeit gezogen. Aber die Tatsachen, die geschaffen wurden, bleiben, und die meisten Konsequenzen aus ihnen ebenfalls.

Kann man zurückschauen auf einen schmerzlichen Moment oder Jahre des Leidens ohne das intensive Verlangen, daß alles nie geschehen wäre? Die Entrüstung über das unverständliche Geschehen, die Trauer über die Folgen, der Ärger über das Schicksal klingen oft lange nach. Erst wenn man den Weg der Vergebung bewußt geht, verschwinden diese starken Gefühle langsam, wie die pochenden Kopfschmerzen durch die Wirkung einer Schmerztablette.

Vergebung ist die höchste Kunst der Liebe.

Normalerweise sind wir aber alle gewöhnliche »Beziehungsarbeiter« und erreichen das große Ziel erst durch einen harten inneren Kampf. Es ist leicht, jemanden zu lieben, der meine Gefühle erwidert. Es bereitet keine Mühe, gehorsame und tüchtige Kinder anzunehmen oder den Kontakt mit verständnisvollen Eltern zu pflegen. Wahre Liebe zeigt sich aber genau dort, wo der andere nicht mehr liebenswert erscheint.

Vergebung ist der höchste Ausdruck von Liebe. Als Jesus Christus an jenem bedeutensten Tag der Weltgeschichte am Kreuz hing, öffnete er allen kommenden Generationen mit seinen letzten Worten den Weg zur Vergebung: »Vater vergib ihnen, denn sie wissen nicht, was sie tun.« Jesus hätte allen Grund zum Hadern gehabt. Sein ganzes Leben lang hatte er nur Gutes getan, Menschen geheilt und getröstet. Noch fünf Tage vorher hatte ihn das Volk begeistert als den kommenden König gefeiert. Doch nun hatten ihn auch seine besten Freunde schmählich verlassen. Gottes vergebende Liebe wurde durch Jesus zur Tat. Diese handelnde Liebe ist es, die uns auch heute das Unmögliche gelingen läßt: dem andern von Herzen zu vergeben.

Vergebung heißt nicht ...

Vergebung ist nicht einfach. Manchmal verbauen auch Mißverständnisse über das Wesen der Vergebung den Weg.

Eine Mutter erzählte mir von ihrem 18jährigen Sohn. Seit einigen Jahren mache er Schwierigkeiten. Einmal bedrohte er sie sogar mit dem Messer. Mit seinen Wutausbrüchen verschüchterte er seine jüngeren Geschwister. Er hielt sich an keine Verabredungen und verleumdete seine Mutter im ganzen Dorf, indem er überall erzählte, wie schlecht sie ihn behandeln würde. Muß sie einfach vergeben und ihn weiter gewähren lassen?

In einer anderen Familie geht es um eine große Erbschaft. Ein Bruder hat sich einen Großteil des Vermögens erschlichen und lebt nun in Saus und Braus. Müssen die Geschwister alles vergeben und tatenlos zusehen?

Vergeben ist in der Tat nicht einfach. Doch oft hindern uns zusätzlich auch falsche Vorstellungen daran.[4]

Vergeben heißt nicht vergessen.

»Das ist vergeben und vergessen«, sagt man oft nur allzu schnell. Doch wenn wir vergeben, löscht das nicht automatisch unsere Erinnerung, wie ein Klick mit der Computermaus den Inhalt einer Diskette.

Glücklicherweise erinnern wir uns nicht an jede kleine Schramme, die uns im Lauf des Lebens zugefügt wurde. Wenn uns etwas nicht im Innersten erschüttert oder sich beständig wiederholt, heilt es von selbst und verschwindet aus dem Gedächtnis. So sind unendlich viele Kleinigkeiten vergessen, die unsere Eltern uns und die wir unseren Kindern antaten.

Aber es gibt auch Verletzungen, die so schmerzhaft sind, daß wir sie kaum aus den Gedanken verbannen können. Unaufhörlich kreisen Vorwürfe und Strafpredigten in unserem Sinn. Immer wieder steigen quälende Einzelheiten aus dem Dunkel der Erinnerung.

Oft ist es hilfreich, wenn man die Wunden, die uns Eltern oder Kinder, Ehemann oder Freunde und Bekannte zugefügt haben, mit einem Seelsorger oder einer Seelsorgerin bespricht. Es tut so gut, wenn man all den verborgenen Schmerz mit jemandem teilen und gemeinsam Gott um die heilende Gnade der Vergebung bitten kann.

Muß man danach alles sofort vergessen? Nein, denn auch diese schlimmen Erfahrungen sind ein Teil meines Lebens. Durch die Vergebung erhalten wir eine neue Freiheit zu vergessen. Doch nun ist das Vergessen nicht ein Zeichen der Verdrängung, sondern der Gesundung: Wir können vergessen, weil wir geheilt wurden. Das Vergessen darf aber nicht zum Prüfstein der Vergebung werden. Der Test der Vergebung liegt darin, daß der Schmerz gelindert wurde und wir ohne Bitterkeit zurückschauen können.

Vergeben heißt nicht entschuldigen.

Entschuldigen ist das Gegenteil von vergeben. Wir entschuldigen jemanden, wenn wir verstehen, daß er nicht anders handeln konnte. Vielleicht hat er selbst große Probleme, oder er wußte es nicht besser. Ein dreijähriges Kind, das sich schreiend und trotzend am Boden wälzt, kennt noch keine anderen Möglichkeiten der Abgrenzung. Als verständige Mütter werden wir seine Ausbrüche entschuldigen und nicht vergeben. Eine Bäuerin mit sechs Kindern wird sich nicht im gleichen Maße intensiv um jedes Kind kümmern können wie eine Mutter von zwei Kindern, die nur für die kleine Stadtwohnung sorgen muß. Ihr Mangel an Zeit ist entschuldigt, und ihre Kinder werden dafür anderes, wie Selbständigkeit und Mitverantwortung, bei ihr lernen.

Es gibt für Mütter viele Gründe, die als Entschuldigung dienen können. Das Leben hat uns allen einen Satz Karten in die Hand gedrückt. Jeder Mensch zieht ein paar Trümpfe. Aber da sind auch die schwachen Karten, von denen wir im ersten Teil des Buches gesprochen haben: fehlende körperliche Kraft, lückenhaftes Wissen, Begrenzungen und eigenwillige Reaktionen der Kinder. Und so gibt es unendlich viele Dinge, mit denen wir uns, unsere Eltern und die Kinder nicht belasten brauchen. Doch all diese Entschuldigungen, die man unbedingt gelten lassen muß, wenn eine Beziehung Bestand haben soll, sind noch keine Vergebung. Diese beginnt erst dort, wo man keine Erklärungen für verletzendes Verhalten mehr findet, sondern wo wir annehmen müssen, daß diese Person uns aus freiem Willen Leid zugefügt hat.

Oft wäre es viel einfacher und weniger schmerzhaft, schnell darüber hinwegzugehen. Bevor wir vergeben können, müssen wir uns der Schuld des anderen stellen. Erst dann können wir das Unmögliche tun: mit Gottes Hilfe vergeben und diese Schuld nicht mehr zurechnen.

Vergeben heißt nicht, einen Konflikt verdecken.

Manche Leute verhindern das harte Werk der Vergebung, indem sie jede Konfrontation vermeiden. Sie beschwichtigen sofort jeden Ausbruch des Ärgers oder der Wut, glätten jeden Streit mit dem Nachbarskind, indem sie zum Nachgeben auffordern und vorschnelle Vergebung verlangen. Ihr »vergiß und vergib« kann dann im Klartext heißen: »Mach keinen Ärger. Ich kann diesen Lärm nicht ertragen.«

Einen Konflikt beruhigen, ist nicht das gleiche, wie eine vergebende Haltung fördern. In der oben erwähnten Erbstreitigkeit wäre es wahrscheinlich richtig, sich von einem Anwalt beraten zu lassen und eine gerechte Lösung zu suchen. Auch dann bleibt genügend Raum für das heilende Werk der Vergebung.

Vergeben heißt nicht Toleranz.

Man kann einem Menschen beinahe alles vergeben, aber man kann nicht alles tolerieren. Jene Mutter im oben erwähnten Beispiel kann ihrem Sohn vergeben, daß er sie bedrohte und böse hinter ihrem Rücken über sie herzog. Aber sie muß dieses Verhalten nicht tolerieren, sondern muß entscheiden, was sie tolerieren und welche Maßnahmen sie ergreifen möchte, wenn er die Familienregeln beständig übertritt. Wir müssen nicht einfach annehmen, was Menschen tun, nur weil wir es ihnen vergeben. Vergebung heilt uns innerlich und macht uns frei von Haß und Bitterkeit. Wenn wir aber alles dulden, wird das letztlich alle verletzen.[5]

Sich selbst vergeben lernen

Anderen vergeben ist schwer. Sich selbst zu vergeben, ist für Mütter manchmal fast unmöglich. Wie kann man sich vergeben, wenn man sieht, wie die Kinder unter den Folgen meiner Fehler zu leiden haben? Leider sehen viele Mütter erst rückblickend, wie falsch sie an ihren Kindern gehandelt haben. Erst zu spät erkennt man, was man besser hätte machen sollen, und das fatale »wenn« läßt sich nicht mehr streichen: Wenn ich nur strenger gewesen wäre, wenn ich mir nur mehr Zeit für die Kinder genommen hätte, wenn ich nur nochmals beginnen könnte ... So vieles kann nicht mehr gutgemacht werden: die brüske Zurückweisung eines Kindes, die Bevorzugung des Nachzüglers, die Verweigerung von Hilfe, ungerechte Strafen, Spannungen mit dem Ehepartner. Je feinfühliger man ist, umso stärker fühlt man den Schmerz über die unfairen Verletzungen, die man verursacht hat. Unmerklich kann sich dieser Schmerz in Ablehnung oder Haß verwandeln. Haß gegen uns selbst. Wir richten. Wir überführen. Wir verurteilen. – Uns selbst.

Manche Frauen fühlen diese Selbstverurteilung nur passiv. Sie können nicht mehr in den Spiegel blicken und sich wohlwollend in die Augen schauen. Andere versinken in aggressive Selbstverurteilung. Im stillen Selbstgespräch reißen sie sich selbst in Stücke und werden ihr eigener Feind. Ihr innerer Richter läßt sie nicht zur Ruhe kommen.

Auch in der Bibel finden wir Menschen, deren Versagen sie in innere Spannung brachte. So schreibt Paulus: »Wir bringen es zwar fertig, das Rechte zu wollen; aber wir sind zu schwach, um es auszuführen ... Ich will das Gute tun, aber es kommt nur Böses dabei heraus ... Wir unglücklichen Menschen! Wer rettet uns aus dieser entsetzlichen Verstrickung?«[6]

Glücklicherweise hört hier die Botschaft der Bibel nicht auf. Der folgende Satz von Paulus klingt wie ein befreiter Aufschrei der Erleichterung, der für uns alle gilt: »Gott hat es getan! Ihm sei Dank durch Jesus Christus, unserem Heiland.« Er hält uns unser Versagen nicht vor. Er möchte nicht, daß unsere Selbstverurteilung sich wie auf einer gesprungenen Schallplatte endlos wiederholt. Gott macht uns frei. »Ich will ihnen ihren Ungehorsam vergeben und nie mehr an ihre Schuld denken«[7], versprach er schon durch die Propheten im Alten Testament. Wer bin ich, daß ich mich gnadenloser richten sollte als der große Schöpfergott?

Natürlich wirken diese Verse nicht wie ein Zauberspruch gegen Selbstvorwürfe und Schuldgefühle. Letztlich ist es eine Willensentscheidung, ob ich mich für das Angebot von Gottes vergebender Liebe öffnen möchte.

Sich selbst zu vergeben, ist aber nicht das gleiche wie Selbstannahme, es bedeutet viel mehr. Man nimmt sich selbst an, weil man sich als Gottes wundervolles Geschöpf erkennt. Im Gegensatz dazu vergibt man sich selbst, im Angesicht von Schwachheit und Schuld. Wir nehmen uns an wegen des Guten in uns, aber wir vergeben uns unsere schlechten Taten. Wenn man diesen Unterschied nicht erkennt, mag man sich zwar selbstbewußt auf die Schulter klopfen, aber von Vergebung ist man meilenweit entfernt.

Sich selbst vergeben, braucht Mut. Oftmals können es die anderen nicht verstehen, wenn man sich von den Lasten der Vergangenheit befreit. Manchmal würden sie es lieber sehen, wenn man im Schatten dauernder Scham darben würde.

Sich selbst vergeben, braucht Ehrlichkeit. Es geht nicht einfach darum, die Fehler unter den Teppich zu kehren und die Augen vor dem Schmerz der Verletzten zu verschließen. Bevor wir uns vergeben, müssen wir uns den Fakten stellen. Doch wenn wir uns einem unsortierten Haufen von »allgemeiner« Schuld gegenüber sehen, versinken wir in Verzweiflung. Deshalb dürfen wir eines nach dem anderen ganz konkret ans Licht bringen und Stück für Stück Vergebung annehmen.

Vergebung geschieht nicht immer gegenseitig. Auch wenn Sie sich durchringen, sich aus dem Strudel von Selbstanklagen retten zu lassen, der Sie nach unten zieht, wird Ihr Gegenüber Sie nicht automatisch freisprechen. Damit müssen Sie rechnen. Lassen Sie sich dadurch Ihre innere Freiheit nicht rauben. Sie können nur an sich selber arbeiten und dürfen die anderen der Liebe Gottes übergeben. Oftmals verändert sich die Beziehung aber doch. Wenigstens auf einer Seite ist der Stachel der Bitterkeit entfernt. Mindestens von einer Richtung kann die Liebe wieder fließen.

Schritte zur Vergebung

Der Weg zur Vergebung ist nicht immer leicht. Aber er lohnt sich! Es gibt aber einige Dinge, die helfen, das Ziel schneller zu erreichen, gleichgültig, ob man sich selbst oder anderen vergeben möchte.

Drücken Sie Ihre Not aus.

Seien Sie genau, und kreisen Sie den Grund Ihrer Wut oder Trauer ein. Es nützt nichts, wenn man alles herunterschluckt und schließlich an diesem Klumpen von unterdrücktem Elend fast erstickt. Genauso wenig bringt es, wenn man die aufgestauten Emotionen über jene ausschüttet, die schuld an unserer Not sind. Oft hilft es, wenn man sich bei einer neutralen und verständnisvollen Person aussprechen kann. Falls das nicht möglich ist, dürfen wir auch jederzeit zu Gott kommen und alles vor ihm ausbreiten.[8]

Übergeben Sie die verletzenden Menschen Gott.

So oft möchten wir selbst verändernd eingreifen und den anderen beibringen, wie sie richtig handeln sollen. Wenn der andere etwas lernen soll, dann lassen Sie Gott seinen Lehrer sein. Wenn Sie meinen, daß er Strafe verdient, übergeben Sie ihn Gottes Gericht. Wenn er Erlösung von seiner Bosheit braucht, überlassen Sie ihn Gottes Gnade.

Schrauben Sie Ihre Erwartungen herunter.

Oft findet man trotz echter Vergebung nicht mehr zu einer engen Beziehung zurück. Vergebung heißt nicht immer Versöhnung. Manchmal ist es schon ein großer Sieg, wenn man ohne Spannungen an einem Familientreffen teilnehmen oder wenn man den anderen ein glückliches Leben gönnen kann.

Verzichten Sie auf eine ausgeglichene Rechnung.

Die meisten Menschen möchten niemandem etwas schuldig bleiben. Und so zählt man genauestens die Steine in der Waagschale der Gerechtigkeit. Vergebung ergibt sich selten aus einem Gleichgewicht gegenseitiger Schuld. Vergebung baut eine Brücke trotz erdrückender Schuld.

Manchmal bringt es auch Erleichterung, wenn man alles, was man den anderen oder sich selbst vorwirft, genau aufschreibt. Dies soll aber nicht zu einer »schwarzen Liste« führen, die man bei jeder passenden Gelegenheit zitiert. Im Gegenteil. Vergebung rechnet die Schuld nicht zu. Nehmen sie deshalb diesen Schuldschein und zerreißen Sie ihn wenn möglich in der Anwesenheit eines Zeugen. Von nun an sollen all die negativen Dinge nie mehr erwähnt werden.

Vergeben Sie, weil Ihnen vergeben wurde.

Jesus erzählt eine eindrückliche Geschichte von einem Schuldner, der Vergebung »hamsterte« und nicht weitergab:

Ein Mann schuldete seinem König ein Millionenvermögen. Sein Konkurs hätte Frau und Kinder in Scham und Elend, ja Sklaverei gestürzt. Aber sein Herr erbarmte sich über ihn und erließ ihm seine Schulden ohne Vorbehalte. Was aber tat der befreite Mann? Er packte den nächstbesten Kleinschuldner, der ihm über den Weg lief, und steckte ihn ins Gefängnis. Sein Herr hörte, was geschehen war.

Zornig »übergab er ihn den Peinigern, bis er bezahlt hatte, was er ihm schuldete«. Jesus beendet dieses Gleichnis mit der eindringlichen Mahnung an seine Jünger: »So wird euch mein Vater im Himmel auch behandeln, wenn ihr eurem Bruder nicht von Herzen verzeiht.«[9] Unser himmlischer Vater vergibt uns großzügig und liebevoll alle großen und kleinen »Schulden«, die wir bei unseren Kindern haben. Vergeben wir uns selbst? Geben wir diese Vergebung ebenso großzügig weiter?

Leider laufen viele Beziehungen nach dem Grundsatz »wie du mir, so ich dir«. Dieses Prinzip beherrscht nicht nur die große Weltpolitik, sondern lenkt auch unzählige Familien. Man zahlt heim, offen oder heimlich, was einem der andere an Unrecht zugefügt hat. Wer vergibt, legt dieses menschliche Gesetz anders aus: Wie Gott an mir handelt, so verfahre ich mit dir. Wie er mir bedingungslos vergibt, so vergebe ich dir.

12. Kapitel

Gelassenheit kann man lernen

»Liebe Mama,
Ich habe dich Lieb
Ich koche morgen für Dich
Und du bist net.

Viele liebe Grüße von
Lisa«

Warum schrieb die elfjährige Lisa wohl diese Zeilen? Warum bittet sie ihre Mutter so rührend, nett zu sein? Wurde sie bestraft? Möchte sie etwas gutmachen oder ganz einfach ihrer Mama ihre Liebe zeigen? Wir wissen es nicht.

Doch stellvertretend für unzählige Kinder drückt sie das Sehnen nach der Liebe ihrer Eltern aus. Kinder brauchen ihre Eltern. Keine staatliche Institution, keine Tagesmutter, niemand kann sie ganz ersetzen. Zahlreiche Studien zeigen, daß auch das sauberste Heim, die tadelloseste Erziehung, die besten Bildungsmöglichkeiten die Liebe und Fürsorge durch die Eltern nicht ersetzen können.

Kinder sind der größte Reichtum, aber auch die größte Herausforderung für ein Elternpaar. Niemand ist unersetzbar. Im Geschäft, im Verein, in der Kirche, immer findet man Nachfolger. Doch als Mutter gibt es mich nur einmal.

Kinder brauchen ihre Eltern. Dies bestätigt eine Forschungsarbeit, die in der Fachzeitschrift *Psychologie heute* publiziert wurde. In der Bundesrepublik leiden 15 % der Kinder an psychischen Störungen. Dazu klagen rund 40 % über Nervosität, Unruhe, Rückenschmerzen, Magenbeschwerden und Schlafstörungen. Als Hauptursache nennen die Fachleute »Vernachlässigung der Kinder durch stark beschäftigte, berufstätige oder ehrgeizige Eltern.«[1]

Wie kann man gelassen bleiben, wenn die eigenen Kinder auch solche Symptome zeigen?

Auf der Suche nach Gelassenheit

Kinder brauchen die Fürsorge ihrer Eltern täglich. Sie saugen unsere Liebe und Zuwendung auf, wie eine Pflanze das erquickende Naß nach einem heißen Tag. Als Mutter kommt man sich oft vor wie ein Brunnen. Immer geben, nur geben. Was geschieht, wenn wir einmal erschöpft sind, ausgetrocknet? Von welchen Quellen zehren wir?

Als gute Mütter stellen wir hohe Anforderungen an uns selbst. Eine gelassene Mutter . . .

. . . bleibt absolut ruhig in jeder Situation.

. . . ist frei von Angst, Ärger und anderen negativen Gefühlen.

. . . liebt ihre Kinder jederzeit bedingungslos.

. . . kennt in jeder Lage die richtige Antwort.

. . . ist jederzeit freundlich, ausgeglichen und kontrolliert.

. . . erzieht die Kinder zu erfolgreichen, gläubigen Menschen.

So gerne entsprächen wir dem Idealbild der gelassenen, kompetenten Frau, die alles im Griff hat. Wir fassen gute Vorsätze, besuchen Erziehungskurse, lesen die neuesten Erziehungsbücher und überhäufen uns mit Selbstvorwürfen, wenn das Umsetzen des Gelernten im Familienalltag nicht gelingen will.

Auch dieses Buch wird keine Wunder wirken, denn es kann Ihnen eines nicht ersparen: die Arbeit an sich selbst. Veränderung ist immer möglich. Aber sie beginnt mit kleinen Schritten im Blick auf sich selbst. Es wird schwer, wenn nicht gar unmöglich sein, das Bild der »Supermutter« zu erreichen. Aber innere Ruhe und Gelassenheit lassen sich finden. Gelassenheit kann man lernen.[2]

Auf den folgenden Seiten werde ich Ihnen fünf Punkte nennen, die auch mir immer wieder helfen, inneren Frieden zu finden.

1. Mut zur Unvollkommenheit

»Es ist nicht leicht, perfekt zu sein.« Mit lustigen Schnörkeln verziert stand dieser Spruch auf einer Geburtstagskarte für unser lebhaftestes Kind. Der Satz traf mich. Perfektion ist tatsächlich mit äußerst

harten Anstrengungen verbunden. Trotzdem fällt man immer wieder in die Falle des »Ich-sollte-eigentlich«. Ein alles durchdringendes
Gefühl bohrt unablässig:

»Ich sollte noch mehr für die Kinder tun.«

»Ich hätte es besser machen sollen.«

»Ich hätte ihnen mehr bieten müssen.«

Perfektion ist die Sucht, alles mit einem Grad von Vollkommen-
heit zu erledigen, der Irrtümer und Fehler ausschließt. Für das Familienleben hat diese Sucht fatale Folgen. Angestrengt versucht man,
es möglichst gut zu machen. Unablässig fordert man mehr – von
sich selbst und von den anderen. Nichts ist gut genug. Immer findet
man noch ein Haar in der Suppe. Fehler werden zu Katastrophen,
Versehen zu Versagen, Mißverständnisse zu Staatsaffären aufge-
bauscht. Reinhold Ruthe findet dazu harsche Worte: »Perfektionismus ist eine unvorstellbare Streßbelastung. Perfektionismus ist eine
Zielverfehlung, ist Sünde. Perfektionismus ist ein ungeistliches,
selbstherrliches, menschliches Streben.«[3]

Perfektionismus prägt den Erziehungsstil. Er kann zum Beispiel
zur Verwöhnung führen. »Meine Kinder sollen nichts entbehren.«
Hanna hat dies Ziel für ihre Kinder. Kaum wagt sie, ihnen einen
Wunsch abzuschlagen. Nur mit Mühe und mit schlechtem Gewissen lotst sie die Kinder beim Einkaufen am Eisstand vorbei. Den
stürmischen Bitten um modische Markenkleider und teure Sport-
ausrüstungen kann sie kaum widerstehen. Sie selbst wuchs in ärmli-
chen Verhältnissen auf, und die Erinnerung an all die Entbehrungen
schmerzt sie noch heute. »Meine Kinder sollen es besser haben«,
nimmt sie sich vor.

Perfektionismus engt ein. Martina kümmert sich sehr intensiv
um ihre Kinder. Nur selten dürfen sie draußen spielen, denn die
andern Kinder könnten ja einen schlechten Einfluß auf sie haben.
Nur ausnahmsweise dürfen sie Kameraden nach Hause bringen,
diese könnten ja Krach machen oder gar Schmutz in die Wohnung
tragen.

Zur eigenen Unvollkommenheit zu stehen, ist nicht leicht, aber
es befreit. Vielleicht stärken die folgenden Punkte Ihren Mut zur
Unvollkommenheit.

Aus Fehlern und Schwierigkeiten kann man lernen.

Kinder brauchen keine fehlerlose Erziehung. Im Gegenteil: Aus Fehlern wird man klug. Ein Kind lernt nur durch eigene Erfahrungen. Man kann ein Kleinkind noch so sehr vor der heißen Herdplatte warnen, erst wenn es aus Erfahrung weiß, was »heiß« bedeutet, wird es diese Gefahrenquelle meiden. Auf dem Lebensweg wird es unendlich viele Dinge lernen müssen. Was für ein Vorrecht, wenn es im geschützten Umfeld der Familie mit Fehlern umgehen lernen kann. Was für ein Geschenk, wenn es daheim spüren darf: Ich bin angenommen, auch wenn ich nicht perfekt bin.

Alfred Adler meinte einmal: »Das Schönste, was eine Fee einem Kind in die Wiege legen kann, sind Schwierigkeiten, die es überwinden muß.« Noch schöner ist es, wenn es Eltern hat, die ihm Wege zur Überwindung von Schwierigkeiten zeigen.

Letztlich kann man Kindern nicht alle Steine aus dem Weg räumen. Das Leben bietet leider oftmals nicht das ausgeglichene Klima eines Treibhauses. Wenn man Pflanzen darin großzieht, gedeihen sie prächtig, solange sie geschützt sind. Aber was geschieht, wenn sie das Treibhaus verlassen müssen? Auch unsere Kinder werden mit widrigen Umständen rechnen müssen. Parteiische Lehrer, grobe Schulkameraden, ungenügende Noten oder gar das Auseinanderbrechen der Familie können einem Kind schwer zu schaffen machen. Doch es muß nicht zwangsläufig daran zerbrechen. Gerade durch schwere Umstände kann es wachsen.

Sören Kierkegaard faßte dies einmal in die eindrücklichen Worte: »Ich bin von Herzen dankbar für alle Niederlagen und Krisen, denn sie sind es, die mich immer wieder zurücktreiben in das Gebet und in die Arme Gottes.«

Vielleicht sind wir noch nicht so reif wie er. Aber seine Gedanken weisen uns den Weg zur Gelassenheit. Bei Gott dürfen wir alles, was uns plagt, ablegen und seine Hilfe erbitten.

Ehrlichkeit befreit.

Niemand ist perfekt. Unseren Kinder können wir nichts vormachen. Auch wenn wir noch so sehr den Schein wahren, sie spüren das Sein. Nichts ist so mühsam, wie das Zusammenleben mit einem perfekten Menschen. Niemand ist so gut wie er. Keiner kann ihm das Wasser reichen. Beständig ist er darauf bedacht, ganz oben zu bleiben. Den anderen bleibt nur die Position des Unterlegenen. Wie befreiend ist es hingegen, wenn man die Familie als eine Lebensgemeinschaft von fehlbaren Menschen sieht. Niemand muß perfekt sein. Niemand kann perfekt sein. Fehler und Probleme sind ein normaler Bestandteil des Lebens. In der Familie sollte man sie ohne Angst vor Verurteilung zugeben können. Nur wenn man offen zu seinen Fehlern steht, kann man sie vermeiden lernen.

Jesus kam nicht zu den Gesunden (Perfekten).

Jesus erstaunte und verärgerte seine Zuhörer immer wieder. Besonders den rechtschaffenen Pharisäern war seine Botschaft unverständlich. Angestrengt versuchten sie, Gott zu gefallen. Peinlich genau hielten sie alle Gebote. Nichts war ihnen zuviel. Mit ganzer Kraft strebten sie nach Perfektion. Doch Jesus lobte sie nicht. Als er einmal bei einem Zolleinnehmer tafelte, kritisierten sie ihn heftig. Seine Antwort: »Nicht die Gesunden brauchen einen Arzt, sondern die Kranken. Ich soll nicht die zur Umkehr einladen, bei denen alles in Ordnung ist, sondern die ausgestoßenen Sünder.« Jesus stellt keine Vorbedingungen für seine Hilfe. Seine Liebe gilt denen, die in sich gingen, sich für ihn öffneten und sein Wirken zuließen.

2. Mit Grenzen leben

Es gibt tatsächlich Mütter, die fast alles können. Aber sie sind dünn gesät. Die meisten von uns sind nicht mit unerschöpflichen Kräften ausgestattet, und eine Kombination von Haushaltslehrerin, Pädagogin, Kinderpsychologin, Jugendarbeiterin, Chefköchin, Krankenschwester und Managerin ist selten. Wir haben alle unsere Stärken. Gott sei Dank! Darüber dürfen wir uns freuen und dankbar sein. Aber dann gibt es auch die schwachen Seiten.

Damaris zum Beispiel liebte ihren Beruf als Chefsekretärin. Die Arbeit im Büro war interessant, sauber und gut organisiert. Praktische Arbeiten gingen ihr jedoch nie leicht von der Hand. Der Handarbeitsunterricht in der Schule war für sie schon eine Qual gewesen. Auch daheim war sie wegen ihrer »beiden linken Hände« kritisiert worden.

Der Übergang zum Leben als Mutter wurde zum Schock. Plötzlich sollte sie all die gehaßten Arbeiten mit Wonne verrichten. Aus Liebe für Mann und Kind. Immer wieder erkennt sie seitdem schmerzlich ihre Grenzen. Auch wenn sie sich noch so abmüht: Ihr Haus strahlt nie die Gemütlichkeit aus, das Essen ist nie so reichhaltig wie das ihrer Freundin.

Auch Irmgard gibt sich immer wieder ungenügende Noten. So gerne wäre sie eine unbekümmert fröhliche Mutter für ihre zwei Mädchen. Doch immer wieder wird sie von depressiven Stimmungen heimgesucht, die wie düstere Wolken über dem Familienleben lasten. Trotz Medikamenten und Therapien ist keine Besserung in Sicht. Ihr Arzt meint, damit müsse sie nun leben.

Sicher kennen auch Sie Ihre Grenzen nur zu gut. Wie gehen wir damit um?

In der Auseinandersetzung mit meinen eigenen Grenzen stieß ich in der Bibel auf ein Gleichnis, das ich lange nicht verstand. Jesus erzählte seinen Jüngern von einem Geschäftsmann, der verreisen mußte. Vor seiner Abreise übergab er seinen Mitarbeitern Geld, das sie verwalten sollten: dem einen fünf, dem anderen zwei und dem dritten einen Zentner Silbergeld. Die ersten beiden erfüllten ihren Auftrag zur Zufriedenheit und gaben die doppelte Geldmenge zurück. Ihr Chef war hocherfreut und belohnte sie großzügig. Ganz anders der dritte Knecht: Zerknirscht gestand er seinem strengen Herrn, er habe aus Angst vor Verlusten sein Darlehen vergraben und gebe es nun wieder zurück. Die Geschichte endete für mich unverständlich hart: »Und diesen Taugenichts werft hinaus in die Dunkelheit, wo es nichts als Jammern und Zähneknirschen gibt.«[4] Warum diese Härte? fragte ich mich. Warum bekommen nicht alle gleich viel? Gilt bei Gott also doch das Leistungsprinzip?

Erst mit der Zeit wuchs in mir eine neue Einsicht. Gott rüstet uns Menschen wie die Knechte im Gleichnis mit unterschiedlichen Talenten aus. Alle erhalten ein »Betriebskapital« bei ihrem Start in dieser Welt. Die einen sind intelligent, andere handwerklich begabt, still oder ausdruckstark, kräftig oder kränklich. Vor Gott ist nicht so wichtig, wieviel und was wir bekommen haben, sondern wie wir die anvertrauten Gaben einsetzten. Wir werden nicht alle an ein und derselben Schablone gemessen, sondern sind nur für das verantwortlich, was uns gegeben wurde.

Damaris, die wir oben kennenlernten, muß keine perfekte Hausfrau werden. Das wäre wahrscheinlich ein unerreichbares Ziel. Es genügt, wenn sie sich ihren Fähigkeiten entsprechend einsetzt. Vielleicht kann sie ihre Begabung in einer ehrenamtlichen Tätigkeit einbringen oder in einem Teilzeitjob. Ihre intellektuellen Gaben werden die Familie bereichern.

Auch Irmgard kann und muß nicht aus ihrer Haut schlüpfen. Ihre Kinder lernen vielleicht viel Wertvolles, das sie bei einer gesunden Mutter nicht lernen könnten. Selbständigkeit, Durchhalten, Ausharren in schwierigen Situationen.

Jeder Mensch hat seine eigenen, persönlichen Grenzen. Manchmal kann man sie etwas verschieben. Doch oft muß man sein Leben in diesen Grenzen einrichten. So leicht ist man versucht, nach den strahlenden Möglichkeiten der anderen zu schielen und zu vergleichen. Doch bringt es nicht viel mehr, wenn wir unsere kleine Welt ausschmücken und sie mit Licht und Farbe erfüllen? Soviel Energie geht verloren beim Grämen über alles, was man nicht besitzt. Wir sind Gott eines Tages nicht für das, was wir nicht haben, Rechenschaft schuldig, sondern für die Talente, die er uns anvertraut hat.

3. Erziehung zur Mitverantwortung

Der Erziehungsstil hat Rückwirkungen auf das Seelenleben von Mutter und Kind. Gelassenheit ist auch eine Frage der Erziehungsmethode.[5]

In jeder Familie besteht ein fein abgestimmtes Gleichgewicht von Geben und Nehmen. Dabei steht die Mutter eines Kleinkindes fast ganz auf der gebenden Seite. Doch mit den Jahren sollte sich die Last gleichmäßiger aufteilen. Schrittweise sollte das Kind mehr Verantwortung tragen lernen. Ein Dreijähriger kann noch wenig mithelfen und ist auch für sein Verhalten nur begrenzt verantwortlich. Ganz anderes kann von einem 15jährigen erwartet werden. Meistens überragt er die Mutter um Haupteslänge und bringt mehr Kräfte ein als sie. Warum soll die Mutter den Rasen mähen, während er sich gemütlich die Sportschau ansieht? Warum soll sie sich schämen, wenn er sich in der Schule unmöglich benimmt? In diesem Alter muß er für sein unreifes Verhalten selbst geradestehen.

Selbständigkeit und Verantwortungsbewußtsein kann man schon früh einüben. Mir selbst waren zwei Grundsätze eine Hilfe:

Was man sät, muß man ernten.[6]

Dieses biblische Prinzip gilt auch für die Erziehung. Schon ein Kleinkind kann lernen, daß sein Verhalten Folgen nach sich zieht. Wenn es trotz Warnungen den heißen Grill berührt, ist der Schmerz sein bester Lehrmeister. Wenn ein Schulkind auf dem Heimweg trotz Warnungen trödelt, muß es auf das Mittagessen verzichten. Diese direkten Folgen für ein Fehlverhalten nennt man natürliche oder logische Konsequenzen. Damit meint man negative Erfahrungen, die unmittelbar mit dem Ungehorsam in Zusammenhang stehen. Ein Kind lernt dadurch schon früh, daß es selber zwischen gut und böse wählen kann, und spürt die Nachteile am eigenen Leibe. Je älter es ist, desto klarer kann man ihm seine Verantwortung machen. Gelassen kann man es darauf hinweisen, daß es seinen Lebensweg selbst gehen muß. Wenn es sich zum Beispiel weigert zu lernen, kann man es auf die Konsequenzen für seine berufliche Laufbahn hinweisen. Doch die Entscheidung zum Arbeiten wird es letztlich selber fällen müssen.

Wir sind ein Gemeinschaftsbetrieb.

In jedem Haushalt fallen viele Arbeiten an. Es gibt keinen einleuchtenden Grund, warum die Mutter sie allein erledigen sollte. Wir tun den Kindern einen schlechten Dienst, wenn wir sie wie kleine Prinzen und Prinzessinnen bedienen. Damit erleichtern wir ihnen den Start ins Leben keinesfalls.

Mithilfe im Haushalt sollte nicht eine Strafe oder eine unbeliebte Pflicht sein, wegen der man sich Tag für Tag streitet, sondern eine Selbstverständlichkeit. Mitarbeit fördert die gesunde Entwicklung der Kinder. Zuerst stärkt sie das Selbstwertgefühl. Das Kind merkt, daß es gebraucht wird und daß es etwas kann. Sie führt zu mehr Fähigkeiten. Für Jungen und Mädchen ist es ein Vorteil, wenn sie wissen, wie man eine Pizza backt, das WC putzt, die Wäsche aufhängt oder die Spülmaschine einräumt.

Die Lasten werden auf alle Schultern verteilt. Das führt zur Entlastung der Mutter und zu mehr Gelassenheit.

4. Loslassen macht frei

Loslassen tut weh. Nichts ist schmerzlicher, als wenn man merkt, daß man nicht mehr die Nummer eins im Leben seines Kindes ist. So manche Mutter erfährt schmerzlich, daß das Entlassen in die Unabhängigkeit viel schwieriger ist als die längste Geburt. Loslassen ist eine Lektion, der keine Mutter ausweichen kann. Viele Wünsche werden uns im Leben nicht erfüllt, wir müssen uns von ihnen verabschieden. Doch der Abschied von einigen Dingen fällt uns besonders schwer.

Die eigenen Träume loslassen.

Jede Mutter hat ihre heimlichen Träume für ihr Kind. Ich wünschte mir immer musikalische Kinder. Vor meinem inneren Auge sah ich sie friedlich vereint als Familienorchester musizieren. Hoffnungsvoll schickte ich unseren Ältesten in die Flötenstunde. Nach zwei Jahren brachte er stolz einen kleinen Preis heim. Erstaunt fragte ich ihn nach dem Grund für diese unverhoffte Belohnung. Mit strahlenden Augen erzählte er, er habe es geschafft, die Flöte eine ganze Stunde nicht auf den Boden fallen zu lassen! Sie verstehen sicher, daß mein

Junge heute nicht in einem Flötenorchester mitbläst. Ich müßte mich damit abfinden, daß meine Jungen lieber Sport treiben und in die Computertasten statt in die Klaviertasten greifen.

Oft ist ein hart erkämpfter Willensentschluß nötig, bis man sich von Wünschen verabschieden kann. Aber es lohnt sich, wenn die Kinder ihre eigenen Gaben entfalten können und sich nicht mühsam in ein Traumbild einfügen müssen.

Die Kontrolle loslassen.

So gerne hätte man seine Kinder im Griff. Durch Schule, Fernsehen und Freunde stürmen unendlich viele Eindrücke auf sie ein, die man nicht kontrollieren kann. Je älter sie werden, desto mehr entgleiten sie unserem Einfluß. Oft muß man auf die Zähne beißen und schweigen, weil sie auf zudringliche Fragen nur noch abweisender reagieren. Manchmal kann man nur noch hoffen und beten, daß sie auf dem rechten Weg bleiben.

Die Probleme des Kindes loslassen.

Wer möchte nicht die Kinder vor allem Bösem bewahren und seinen schützenden Arm um sie legen, damit ihnen ja nichts passieren kann? Es tut weh, wenn man sehen muß, wie ein Kind leidet – in der Schule, durch eine Krankheit, oder durch die Folgen einer Scheidung. Hilflos steht man neben ihm. Man kann zwar trösten und ermutigen, aber nicht immer läßt sich eine Lösung finden. Manchmal beobachte ich aber auch, daß Mütter fast stärker leiden als ihre Kinder. Sie sehen schon die schlimmsten Folgen weit voraus und zweifeln, ob ihr Kind sie bewältigen wird. Zuletzt muß das Kind auch noch die Probleme der Mutter tragen.

Endgültig loslassen.

Irgendwann kommt die Stunde, in der das Kind endgültig auszieht. Vielleicht geschieht es geplant und harmonisch, vielleicht aber auch unerwartet und im Zorn. Wie immer es auch vor sich geht, die Ablösung fordert Kraft und kann sehr schmerzvoll sein.

Loslassen entspricht nicht unserem mütterlichen Instinkt. Viel lieber möchten wir Sicherheit, Beständigkeit und einen festen Halt. Loslassen macht aber frei. Wenn ich die Kinder nicht krampfhaft festhalte, entsteht viel Freiraum für Neues. Wenn ich sie innerlich (und auch äußerlich) gehen lasse, müssen sie sich nicht mühsam losreißen, sondern können freiwillig zurückkehren.

Loslassen heißt nicht Gleichgültigkeit, es bedeutet nur, die Probleme nicht größer zu machen, als sie sind. Loslassen bedeutet, sich nicht mehr aufzuladen, als man tragen kann. Und vor allem heißt es abzugeben, was nicht meine Verantwortung ist.

5. Mit Gottes Hilfe rechnen

Die Begleitung der Kinder ist eine anspruchsvolle Lebensaufgabe. Immer wieder wird man in Situationen gestellt, auf die man keine Patentantwort kennt.

Erikas zehnjährige Tochter erkrankte plötzlich an Leukämie. Wie mit einem mächtigen Hammerschlag wurde das friedliche Familienleben zertrümmert. Schmerzhafte Untersuchungen, lange Krankenhausaufenthalte, bange Wochen der Ungewissheit, Angst und Unsicherheit zehrten an ihren Kräften. In all den Schwierigkeiten war das Gebet oft ihr einziger Trost. Wenn sie nicht mehr weiter wußte und keine Hoffnung mehr sah, spürte sie, wie Gott sie durch diese dunklen Stunden trug.

Glücklicherweise werden viele von uns nicht so hart geprüft. Aber jede Mutter trägt ihre eigenen Lasten. Ob Krankheiten oder Schulprobleme, Ehekrisen oder Drogensucht – jederzeit kann etwas das Familienglück trüben. Auch als Christ lebt man noch nicht im Paradies. Gott verheißt uns nicht ein schmerzfreies Leben. Aber er wird immer bei uns sein: »Mußt du durchs Wasser gehen, so bin ich bei dir; auch in reißenden Strömen wirst du nicht ertrinken. Mußt du durchs Feuer gehen, so bleibst du unversehrt; keine Flamme wird dir etwas anhaben können. Denn ich bin der Herr, dein Gott. Ich, der heilige Israels, bin dein Erretter.«[7] Diese Verheißung gilt auch heute. Ob ich nur bis zu den Knöcheln durchs Wasser gehe oder ob es mir gar bis zum Halse steigt, er läßt mich nicht allein. Vielleicht muß ich eine große Strecke gegen die Wogen ankämpfen, aber er wird mich vor dem Versinken bewahren. Vielleicht brennen Enttäuschungen oder mein Versagen wie eine Wunde. Er kann sie in Liebe und Geduld heilen.

Auch wenn man als Mutter nicht für alle Probleme der Kinder verantwortlich ist, sieht man im Rückblick doch so manches, was man heute anders machen würde. Vielleicht bemerkt man Fehler, an denen die Kinder noch immer leiden. Aber es ist vorbei. Das Rad der Zeit läßt sich nicht mehr zurückdrehen. Doch für unseren himmlischen Vater gibt es kein »zu spät«. Er kann auch jetzt in Ihr Leben und das Ihrer Kinder verändernd eingreifen. Auch in der Wüste unseres Unvermögens und Versagens läßt Gott die Blumen seiner Vergebung und Hilfe blühen.

ANMERKUNGEN

Zu Kapitel 1:
[1] Swigart 1991
[2] Nadig 1990
[3] Oubais 1978, S. 20-26, vergleiche auch Cadalbert-Schmid 1993, Hubbard 1992, Kutter 1992, Swigart 1991, Caine 1992
[4] Schenk 1972, S. 9
[5] Campell 1982, S. 27

Zu Kapitel 2:
[1] Rollin 1988, S. 54-61
[2] Hacklet 1993, S. 353-357, vergleiche auch: Hite 1990 und Robbins 1990, S. 41-49
[3] Ellis 1962
[4] Tausch 1993, S. 56
[5] Chyes 1993, S. 83
[6] POS = psychoorganisches Syndrom. Es zeigt sich u.a. durch Konzentrationsschwierigkeiten, motorische Unruhe, Mangel an Ausdauer. Oft spricht man auch von hyperaktiven Kindern.
[7] Unter diesem Fremdwort versteht man das Streben nach dem persönlichen Glück als alleinigem Lebensziel.

Zu Kapitel 3:
[1] Musenalp-Express 4/92
[2] van Deun 1992
[3] Heil 1978, S. 14-23
[4] Michelsson 1990, S. 109-116.
[5] Wender 1987, S. 33
[6] Denham 1992, S. 75-110
[7] Price 1988
[8] Dix 1987, S. 26
[9] Zahn-Waxler 1990
[10] Lush 1987
[11] Psalm 77,4-6
[12] 1. Thessalonicher 5,14
[13] 2. Korinther 12,9-10

Zu Kapitel 4:
[1] Der Spiegel, 7/1976
[2] Dix 1987, S. 140
[3] Morgan 1978, S. 112
[4] Dix 1987, S. 135
[5] Parmer 1984, S. 19-21, vergleiche auch Freudenberger 1992
[6] Zeiher 1990, S. 20-29
[7] Zöllner 1994
[8] Haug 1992, S. 58-65
[9] Philipper 4,11-13

Zu Kapitel 5:
[1] 1. Mose 30,1
[2] Psalm 127,3-5
[3] Jesaja 49,15
[4] Sprüche 13,24
[5] Epheser 6,4
[6] Sprüche 1,8
[7] Badinter, S. 28
[8] Badinter, S. 141
[9] Sommerfeld 1989
[10] Shorter 1975/1983, S. 87
[11] Badinter, S. 93
[12] Badinter, S. 73
[13] Rousseau 1792, erste deutsche Ausgabe 1789-91 in vier Teilen; 1971/1991
[14] Badinter, S. 114
[15] Badinter, S. 136-141
[16] Badinter, S. 217

Zu Kapitel 6:
[1] Janov 1975
[2] Hemminger 1982, S. 71
[3] Tapscott 1974, S. 36
[4] Sandford 1990
[5] Hemminger 1982, S. 35 ff.
[6] Wexberg 1931/1987, S. 47, vergleiche auch: Adler 1933/1981, Ammon 1989, Antoch 1987
[7] Campell 1982
[8] Winnicott 1976, S. 12
[9] Bowlby 1976
[10] Spitz 1974, S. 221-222
[11] Spitz, op. cit., S. 254
[12] Ernst 1993, S. 553-561
[13] Forward 1990
[14] Klinefelter's Syndrom: Mißbildung der Keimdrüsen infolge eines Chromosomenfehlers
[15] Caplan 1985, S. 610-613
[16] Miller 1983, S. 64
[17] Surrey 1990, S. 83-87
[18] Caplan 1990, et al. 1990, S. 61-70
[19] Caplan 1985, S. 343-353
[20] Rohde-Dachser 1989, S. 250-260

Zu Kapitel 7:
[1] Pfeifer 1988, S. 56
[2] Oerter/Montada 1987, S. 24
[3] Oerter/Montada, S. 146
[4] Elkind and Weiner 1978, S. 152
[5] Psalm 139,13-14

[6] Schenkel 1986

[7] Jean Piaget war ein bekannter Schweizer Entwicklungspsychologe, der im Gegensatz zu Freud ein Entwicklungsmodell vertrat, das die Formung der Persönlichkeit nicht auf die frühe Kindheit beschränkte, sondern in den verschiedenen Phasen der Kindheit verfolgte.

[8] Kegan 1986, S. 113

[9] Kagan 1987, S. 134

[10] Ernst 1987, S. 147-156

[11] Hemminger 1983, S. 92

[12] Hemminger, S. 212

[13] Ansbacher 1982, S. 178

[14] Lewinson & Rosenbaum 1987, S. 611-619, vergleiche auch: Zahn-Waxler 1990

[15] Jeremia 31,29-30

[16] 1. Mose 45,5

Zu Kapitel 8:

[1] Pfeifer 1994

[2] Karrte-Pfähler 1991

Zu Kapitel 9:

[1] Boss 1981, S. 54-76, verleiche auch: Boss 1962 und Condrau 1962

[2] Römer 3,23

[3] Tournier, S. 58

[4] Römer 3,24

[5] Tournier, S. 136

[6] Johannes 9,2-3

[7] Schneider 1988, S. 50-57

[8] Lukas 10,27

[9] Scharfetter 1962

[10] vgl. Kurzdörfer 1978, S. 7-9

[11] 1. Korinther 10,25

[12] 1. Korinther 8,12

[13] Kolosser 2,16

[14] Heszer 1991

[15] Prediger 7,16

Zu Kapitel 10:

[1] Louis 1985, S. 53, vergleiche auch: Louis 1992

[2] Antoch 1987, S. 98-105

[3] Narramore, B., No Condemnation. Rethinking Guilt Motivation in Counseling, Preaching & Parenting, Grand Rapids 1984, S. 26, Übersetzung durch die Autorin

[4] Engel 1992, vergleiche auch: Yorke 1990

[5] Narramore, S. 35 ff.

[6] Mosak 1987, S. 288-255

[7] 2. Korinther 7,10

[8] Matthäus 26,75

[9] Jesaja 53,5

Zu Kapitel 11:
[1] Tausch 1993, S. 20-27
[2] Auch andere Studien beschreiben die therapeutische Wirkung der Vergebung: Hope 1987, S. 240-244; Benson 1992, S. 74-81; Pingleton 1989, S. 27-35; Ernst 1993, S. 27-29
[3] Lukas 6,37
[4] Wilson 1995, S. 106-108
[5] Smedes 1984
[6] Römer 7,21-25
[7] Jeremia 31,34
[8] Scherer 1988, S. 33
[9] Matthäus 18,21-35

Zu Kapitel 12:
[1] Zeiher 1990, S. 20-29
[2] Blumenthal 1988
[3] Ruthe 1984
[4] Matthäus 25,14-30
[5] Dreikurs 1964/1988
[6] Pfeifer 1991
[7] Jesaja 43,2-3

LITERATURVERZEICHNIS

Adler, A., *Der Sinn des Lebens*, S. Fischer, Frankfurt am Main 1933/1981.

Ammon, G., Gesellschaft, Kultur und Schuldgefühl. *Dynamische Psychiatrie* 1989, 22/307-319.

Ansbacher, H. L., *Alfred Adlers Individualpsychologie*, Ernst Reinhardt, München und Basel 1989.

Antoch, R. F., Die Suche nach Schuld als Verrat am Selbst. *Zeitschrift für Individualpsychologie* 1987, 12/98-105.

Badinter, E., *Die Mutterliebe. Geschichte eines Gefühls vom 17. Jahrhundert bis heute*, Piper, München 1992.

Benson, C. K. et al., Forgiveness and the Psychotherapeutic Process. *Journal of Psychology and Christianity* 1992, 11/1; 74-81.

Blumenthal, E., *Wege zur inneren Freiheit – Praxis und Theorie der Selbsterziehung*, Rex, Luzern und Stuttgart 1988.

Bopp, J., *Die Mamis und die Mampis. Zur Abschaffung der Vaterrolle*, Kursbuch Nr. 76, Juni 1984, 53-74.

Boss, M., *Lebensangst. Schuldgefühle und psychotherapeutische Befreiung*, Huber, Bern 1962.

Boss, M., Begegnung und Auseinandersetzung mit sich selbst in der Schuld und im Gewissen. In: Battegay, R. et al. (Hrsg.), *Herausforderung und Begegnung in der Psychiatrie*, Huber, Bern 1981, S. 54-76.

Bowlby, J., *Trennung. Psychische Schäden als Folge der Trennung von Mutter und Kind*, Kindler, München 1976.

Cadalbert-Schmid, Y., *Sind Mütter denn an allem schuld?* Kösel, München 1993.

Caine, L., *Was hab ich denn bloß falsch gemacht? Mütter und ihre Schuldgefühle*, Econ, Düsseldorf und Wien 1992.

Campell, D. R., *Kinder sind wie ein Spiegel*, Francke, Marburg/Lahn 1982.

Caplan, P. et al., Mother-blaming in major clinical journals. *American Journal of Orthopsychiatry* 1985, 55/345-353.

Caplan, P. et al., The scapegoating of mothers; A call for change, *American Journal of Orthopsychiatry* 1985, 55/610-613.

Caplan, P. J., Making mother-blaming visible; The emperor's new clothes, *Women and Therapy* 1990, 10/61-70.

Chyes, M., zitiert in Swigart, J.: *Von wegen Rabenmutter . . . Die harte Realität der Mutterliebe*, Knaur, München 1993.

Condrau, G., *Angst und Schuld als Grundprobleme der Psychotherapie*, Suhrkamp, Frankfurt am Main 1962.

Denham, A. et al., Mother's emotional expressiveness and coping; relations with preschoolers' social-emotional competence. Genetic, *Social and General Psychology Monographs* 1992, 118/75-101.

Der Spiegel 7/1976.

Deun, U. van, *Ich hab' dich nicht gewollt, mein Kind*, Rowohlt, Reinbek bei Hamburg 1992.

Dix, C., *Eigentlich sollte ich glücklich sein. Hilfe und Selbsthilfe für überforderte Mütter*, Kreuz, Zürich 1987.

Dreikurs, R., *Kinder fordern uns heraus*, Klett-Cotta, Stuttgart 1964/1988.

Elkind, D. und Weiner, I.B., *Development of the Child*, John Wiley & Sons, New York 1978.

Ellis, A., *Die rational-emotive Therapie. Das innere Selbstgespräch bei seelischen Problemen und seine Veränderung*, Pfeiffer, München 1962.

Engel, L. und Ferguson, T., *Unbewußte Schuldgefühle*, Kreuz, Zürich 1992.

Ernst, C., Frühe Lebensbedingungen und spätere psychische Störungen, *Der Nervenarzt* 1993, 64/553-561.

Ernst, C. und Von Luckner, N., *Stellt die Frühkindheit die Weichen? Eine Kritik an der Lehre von der schicksalhaften Bedeutung erster Erlebnisse*, Enke, Stuttgart 1987.

Ernst, H., Wer nachtragend ist, muß viel schleppen. Wie Feindseligkeit und Nicht-verzeihen-Können krank machen, *Psychologie heute*, April 1993, 27-29.

Forward, S., *Vergiftete Kindheit. Elterliche Macht und ihre Folgen*, Goldmann, München 1990.

Freudenberger, H. und North, G., *Burn-out bei Frauen. Über das Gefühl des Ausgebranntseins*, Krüger, Frankfurt am Main 1992

Hacket, L. et al., Parental ideas of normal and deviant child behaviour. A comparison of two ethnic groups. *British Journal of Psychiatry* 1993, 162/353-357.

Haug, G., Ich bin doch nur Mutter. *Psychologie heute*, November 1992, 58-65.

Heil, R., *Du in mir. Tagebuch einer jungen Mutter*, Editions Trobisch, Kehl 1978.

Hemminger, H., *Kindheit als Schicksal?*, Rowohlt, Reinbek bei Hamburg 1983.

Heszer, G. et al., Pastoralpsychologischer Umgang mit Schuldzuweisungen, *Wege zum Menschen* 1991, 43/418-433.

Hite, S., I Hope I'm Not Like My Mother, *Women and Therapy* 1990, 10/13-30.

Hope, D., The Healing Paradox of Forgiveness, *Psychotherapy* 1987, 24/2/240-244.

Hubbard, M.G., *Women: The misunderstood majority. Overcoming myths that hold women back*, Word, Dallas 1992.

Janov, A., *Der Urschrei. Ein neuer Weg der Psychotherapie*, S. Fischer, Frankfurt am Main 1975.

Kagan, J., *Die Natur des Kindes*, Piper, München 1987.

Karrte-Pfähler, S., *Die alleinerziehende Mutter und ihre Probleme im Alltag,* Mosaik, München 1991.

Kegan, R., *Die Entwicklungsstufen des Selbst. Fortschritte und Krisen im menschlichen Leben,* Kindt, München 1986.

Kurzdörfer, K. (Hrsg.), *Gewissensentwicklung und Gewissenserziehung,* Julius Klinkhardt, Bad Heilbrunn 1978.

Kutter, P. und van Deun, U., *Ich hab' dich nicht gewollt, mein Kind. Eine schwierige Liebe zwischen Mutter und Tochter,* Rowohlt, Reinbek bei Hamburg 1992.

Levinson, P. und Rosenbaum, M., Recall of parental behavior by acute depressives, remitted depressives, and non depressives, *Journal of Personality and Social Psychology* 1987, 52/611-619.

Louis, V., *Individualpsychologische Psychotherapie,* Reinhardt, München und Basel 1985.

Louis, V., Gefühle und Affekte im Verhalten des Menschen und in der Psychotherapie, *Zeitschrift für Individualpsychologie* 1992, 17/19-31.

Lush, J., *Emotional Phases of a Woman's Life,* Fleming H. Revell, New Jersey 1987.

Michelsson, K. et al, Mother's perception of and feelings towards their babies' crying, *Early Child Development and Care* 1990, 65/109-116.

Miller, A., *Das Drama des begabten Kindes,* Suhrkamp, Frankfurt am Main 1983.

Morgan, M., *Die totale Frau,* Leonis, Zürich 1978.

Mosak, H.H., Guilt, guilt feelings, regret, and repentance, *Individual Psychology 1987, 43/288.295.*

Musenalp-Express 4/1992.

Nadig, M., Die gespaltene Frau – Mutterschaft und öffentliche Kultur, *Psyche* 1990, 44/53-70.

Narramore, B., *No condemnation. Rethinking guilt motivation in counseling, preaching & parenting,* Zondervan, Grand Rapids 1984

Oerter, R. und Montada, L., *Entwicklungspsychologie,* Psychologische Verlagsunion, München und Weinheim 1987.

Oubaud, M., Das Mutterdilemma, *Psychologie heute* 1987, Februar, 20-26.

Parmer, M., Mother burn-out, *Family Life today,* February 1984, 19-21.

Pfeifer, A., *Wir erziehen unsere Kinder anders,* Hänssler, Neuhausen bei Stuttgart 1991.

Pfeifer, A., *Schuldgefühle bei Müttern. Ursachen und Bewältigung aus individualpsychologischer Sicht,* Alfred Adler Institut, Zürich 1994.

Pfeifer, S., *Die Schwachen tragen. Moderne Psychiatrie und biblische Seelsorge,* Brunnen, Basel und Gießen 1988.

Pingleton, J. P., The Role and Function of Forgiveness in the Psychotherapeutic Process, *Journal of Psychology and Theology* 1989, 17/1,27-35.

Price, J., *Motherhood. What it does to your mind,* Pandora, London 1988.

Robbins, M. A., Mourning the Myth of Motherhood: Reclaiming Our Mothers' Legacies, *Women and Therapy* 1990, 10/41-59.

Rohde-Dachser, C., Abschied von der Schuld der Mutter, *Praxis der Psychotherapie und Psychosomatik* 1989, 34/250-260.

Rollin, M., So stief sind Stiefmütter gar nicht . . . *Psychologie heute*, März 1988, 54-61.

Rousseau J.-J., *Emil oder Über die Erziehung*, Ferdinand Schöningh, Paderborn 1971/1991.

Ruthe, R., *Die Kunst aus Zitronen Limonade zu machen. Streß als Herausforderung*, Aussaat, Neukirchen-Vluyn 1984.

Sandford, D., Vortrag, gehalten mit seiner Frau Paula, Winterthur 1990.

Scharfetter, C., Verantwortung und Schuld in psychiatrisch-psychotherapeutischer Sicht. *Schweizer Archiv für Neurologie und Psychiatrie* 1992, 143,211-227.

Schenk-Danzinger, L., *Pädagogische Psychologie*, Bundesverlag, Wien 1972.

Schenkel, S., *Mut zum Erfolg. Warum Frauen blockiert sind und was sie dagegen tun können*, Ex Libris, Zürich 1986.

Scherer, K., *Vergebung. Das zentrale Problem. Bitterkeit überwinden. Innere Heilung*, Hänssler, Neuhausen bei Stuttgart 1988.

Schneider, U., Wer sein Kind liebt . . , *Psychologie heute*, November 1988, 50-57.

Shorter, E., *Die Geburt der modernen Familie*, Rowohlt, Reinbek bei Hamburg 1975/1983.

Smedes, L. B., *Forgive & Forget. Healing the Hurts We Don't Deserve*, Harper & Row, San Francisco 1984.

Sommerfeld, D. P., The Origins of Mother Blaming; Historical Perspectives On Childhood and Motherhood, *Infant Mental Health Journal* 1989, 10/14-24.

Spitz, R. A., *Vom Säugling zum Kleinkind*, Klett, Stuttgart 1965/74.

Surrey, J. L., Mother-Blaming and Clinical Theory, *Women and Therapy* 1990, 10/83-87.

Swigart J., *Von wegen Rabenmutter . . . Die harte Realität der Mutterliebe*, Knaur, München 1991.

Tapscott, B., *Innere Heilung*, Leuchter, Erzhausen 1974.

Tausch, R., *Hilfen bei Streß und Belastung*, Rowohlt, Reinbek bei Hamburg 1993.

Tausch, R., Verzeihen: Die doppelte Wohltat, *Psychologie heute*, April 1993, 20-27.

Tournier, P., *Echtes und falsches Schuldgefühl*, Humata, Pforzheim, o.J.

Wender, P. H., *Das hyperaktive Kind*, Ravensburger, Ravensburg 1987.

Wexberg, E., *Sorgenkinder*, Hirzel, Stuttgart 1931/1987.

Wilson, R. F., Don't pay the price of counterfeit forgivness, *Moody*, October 1995, 106-108.

Winnicott, D. W., *Kind, Familie, Umwelt,* Ernst Reinhardt, München und Basel 1976.

Yorke, C. et al., The development and functioning of the sense of shame, *Psychoanalytic Study of the Child* 1990, 45/105-119.

Zahn-Waxler, C. et al., Patterns of guilt of depressed an well mothers, *Developmental Psychology* 1990, 26/51-59.

Zeiher, H., Kindheit; Organisiert und isoliert, *Psychologie heute,* Februar 1990, 20-29.

Zöllner, U., *Die Kinder vom Zürichberg. Was macht der Wohlstand aus unseren Kindern?* Kreuz, Zürich 1994.

Nico van der Voet

Warum muß ich immer helfen?

Über Selbstbehauptung und Selbstverleugnung

176 Seiten, R. Brockhaus Taschenbuch, Bestell-Nr. 220 515

»Du mußt für dich selbst einstehen«, ermahnen uns Pädagogen und Therapeuten. »Wer ständig für andere da sein will, sucht im Grunde nur Selbstbestätigung.«

»Du mußt dein Kreuz auf dich nehmen«, sagen uns Pfarrer und Gemeindemitarbeiter. »Christen gehen immer den unteren Weg.«

Selbstbehauptung und Selbstverleugnung sind kein Widerspruch, behauptet Nico van der Voet, Theologe und Lehrer in den Niederlanden. Er fordert den Leser heraus, sich dem Konflikt zu stellen und mit sich selbst ins reine zu kommen. Eine Einladung zu Selbstbehauptung ohne schlechtes Gewissen und Demut ohne Heuchelei.

»Ich habe noch nie eine so sorgfältige und ausgewogene Analyse der Thematik gelesen, die beides miteinander verbindet: aktuelles psychologisches Fachwissen und profunde theologische Reflexion, beides durchgehend illustriert mit Beispielen aus dem täglichen Leben, die sicher jedem Leser und jeder Leserin vertraut vorkommen werden.«   Dr. Samuel Pfeifer

R. BROCKHAUS VERLAG WUPPERTAL UND ZÜRICH